中國歷代家具圖錄大全

阮長江 編繪

南天書局 · 江蘇美術出版社
合作出版

ILLUSTRATED CHINESE FURNITURE
THROUGH THE AGES

by Ruan Changjiang

Published by SMC Publishing Inc.
in cooperation with
Jiangsu Art Publishing House

SMC PUBLISHING INC.
P.O. Box 13-342 Taipei 10764
Taiwan, Republic of China

ISBN 957-638-089-8

内容提要

　　這是一本全面系統地介紹中國古典家具造型藝術的實用工具性圖書。

　　內容包括商、周、戰國與漢代,三國時期的家具圖52幅兩晋、南北朝與隋朝、五代時期的家具圖108幅、宋代、遼代、金代與元代時期的家具圖75幅、明代時期的家具圖423幅、清代時期的家具圖158幅、近代時期的家具圖29幅、明清時期五金裝飾件與榫卯構造圖111幅共七部分,合計收集中國古代各時期家具造型資料圖956幅約千餘件古典家具,並記有確切的資料實物出處及規格等。

　　書中圖例幾經斟酌、取經用弘。造型繪製精緻細膩,圖案與局部節點結構表現清晰,可供家具、建築、室內、園林、工藝美術的設計人員及連環畫編繪、電影編導等專業人員作設計選用與研究參考。

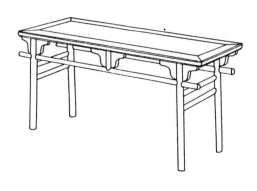

CAPSULE SUMMARY

This is an instrumental book with pictures which introduce comprehensively and systematically the plastic arts of the classical furniture of China.

The contents include 52 furniture figures of the Shang, Zhou, Warring States, Han, and Three Kingdoms periods; 108 furniture figures of the Two Jins, Northern and Southern, Sui, Tang, and Five Dynasties; 75 furniture figures of the Song, Liao, Jin, and Yuan Dynasties; 423 furniture figures of the Ming Dynasty; 158 furniture figures of the Qing Dynasty; 29 furniture figures of modren times, and 111 figures of hardware pieces for decration and the tenon and mortise construction of the Ming and the Qing.

There are 956 furniture form figures of ancient times in China, and about 1000 figures of classical furniture with exact sources and specifications.

The figures have been carefully selected, the structures of the patterns and parts have been shown clearly, They can serve as reference material for designers of furniture, architecture, gardens, industrial arts, and picture books, as well as film directors and others.

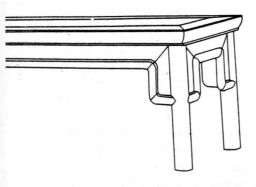

目録

7

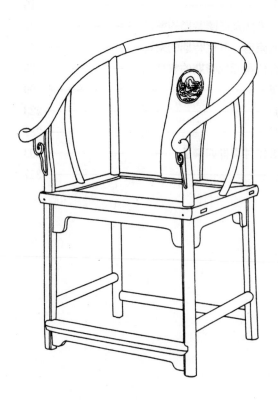

CONTENTS

　　傢具設計在室內空間環境設計中佔有十分重要的地位，它是構成室內空間環境的基本要素之一，它滿足了人們的生活和住所的行爲需要。在當今的建築學科中研究傢具是和人體工程、傢具材料、室內空間環境的設計，以及人們對它的審美觀點分不開。它不衹是功能行爲的需要和需求，而且是建築藝術美的組成部分。

　　在歷史的長河中，考察傢具的發展，我們可以發現不論是造型、用材、樣式都和那個時代的建築形式分不開。近百年來，近50年來，現代新建築的發展，公共生活的新需要，新材料的面世，探索新的傢具是爲室內設計重要課題。許多建築師不衹從事室內設計，同時也十分關注傢具設計，大師們研究新型傢具的設計不乏其人，建築上的新藝術運動然雖歷史短暫，但傢具造型的演變却是日新月異且具有强大的生命力。現代傢具的設計除了在選材上的不斷更新外，還更多的和新的藝術審美趣味相結合。然而，歷史的發展常常是我們設計者的借鑑。研究自身民族、地區的特色自然也離不開對歷史的歸納、總結和提煉。推陳出新是我們的目的，古爲今用也是我們所需探求和企求的。

　　在專門研究我國傳統傢具造型藝術方面的著述寥若晨星的今天，一部比較系統而有見地的介紹中國各個歷史時期傢具造型的珍貴卷帙——《中國歷代傢具圖錄大全》出版了。這是一部富有學術價值，刻畫精細的書籍，它出自一位青年設計師之手，實爲難能可貴。

　　編寫好這有藝術價值的專著，需要花費很大的勞動，僅靠業餘時間來編繪確爲不易之事。阮長江在潛心鑽研傢具設計與室內設計這門學問。以及有數本專著問世的基礎上，刻苦探索中國傳統傢具藝術真諦，極深研幾，不舍晝夜地收集歷代傢具的造型藝術形像，這本書是他數年來奮發努力奉獻於廣大讀者的一份珍果。

　　中國是世界上古老而具有悠久文化的國家之一。中華民族在歷史的進程中創造了衆多輝煌的藝術文化，傢具便是其藝術寶庫中的重要組成部份，它歷經能工巧匠的智

序

慧與創造，逐漸形成了具有獨特風格的造型藝術，它綜合地反映了不同歷史階段的政治面貌、宗教信仰、風俗習慣、觀念意識，審美情趣及當時物質和科學技術等等，由此在整理工作中，進行細致的分析，取精用弘，這對客觀存在的傢具藝術及創作設計，都具有意義。

此書內容豐富，詳盡的畫面真實的展示了各歷史時期傢具藝術的風格和形象，這對從事傢具、建築、室內、園林、工藝美術的設計者以及美術工作者、造型藝術史的研究者又都是一部有參考價值的工具書。同時對從事這些方面專業訓練的學生，亦不失爲一部不可多得的好教材。

齊　康

1990年7月7日於南京

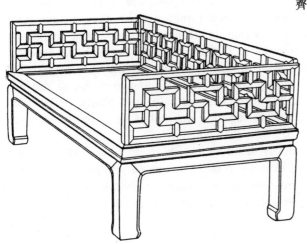

Furniture design plays an important part in interior environment design. It not only meets the needs of people's lives, but is also considered one of the basic elements of interior ambience. Current furniture study cannot be made without making studies of the human body, furniture materials, interior ambience design, and people's aesthetic standards. In addition to meeting the needs and demands of people's lives, furniture design is also a component part of the artistic beauty of architecture.

Studying the development of furniture throughout the long course of history, we find that shapes, materials, and styles of furniture are identical with the building styles of their time. For the last hundred years, and particularly the last fifty years, with the development of new architecture, new demands of daily living, and new materials, research on new furniture has become an important subject in interior design. Many architects are not only engaged in interior design but also pay great attention to furniture design. Although the New Art Movement in architecture is short in history, there is no lack of such specialists who spend a great deal of energy on new types of furniture design, so that furniture styles change with each passing day and have great vitality. Besides constant renewal of material, modern furniture design lays stress on the effect of art appreciation.

The development of history, however, usually comes to our reference. We sum up history and abstract its spirit in order to make a profound study of our distinctive and local features. We should make the past serve the present. Moreover, we should achieve our aim to weed through the old to bring forth the new.

We are fortunate to have *Illustrated Chinese Furniture Through the Ages*

PREFACE

among the few works on our traditional furniture art. It systematically provides an insight into Chinese furniture styles of various ages, and has great academic value. It is no easy job for a young designer to complete such a meticulously compiled work.

Doing all the work in his spare time, Mr. Ruan Changjiang took great pains to compile this treatise of artistic value. He has concentrated his studies on furniture and interior design and has published several treatises. He studied assiduously and has tried to find the true essence of our traditional furniture art. He collected as many ancient furniture style patterns as possible, and this book is the result of his years of hard work.

China is one of the oldest countries in the world, with a long-standing civilization. The Chinese people have created a brilliant wealth of art and culture in the course of history. Furniture takes an important place in this treasure house. Created by the hands of the ages, it gradually forms a unique artistic style, which comprehensively reflects the politics, religions, customs, ideology, artistic values, and scientific technology of different times. Therefore, it has great significance to make a careful analysis of furniture art and design, and to select the finest from among a vast quantity.

This book has substantial contents. It successfully demonstrates the furniture styles of various ages. It is a wonderful reference book for people who engage in furniture design, architecture, interior design, horticulture, and industrial and style art. It is also an excellent textbook for students receiving training in these subjects.

Qi Kang
July 7, 1990 Nanjing

前言

　　中國是世界上最古老、文化傳統最悠久的國家之一，在它漫長的歷史進程中，創造了極其燦爛輝煌的民族文化。歷代的傢具藝術作爲這個文化藝術寶庫中的重要組成部份，歷經盛衰磨變，幾千年來，通過祖先的智慧與創造，逐漸形成了一段段各具風格異彩的獨特形象。它深刻地反映出常時的生產發展、生活習俗、思想情感和審美意識。其藝術成就，自古以來，對東西方許多國家都産生過不同程度的影響。在世界傢具體系中，佔有着重要地位。

　　中國歷代傢具的特質，在於它不僅僅通過各個時期的演變、完善其服務於人類的使用價值，同時還凝集出在特定環境内形成的各個歷史時期的不同的藝術風格。尤其在現存的很多明清傢具中，更典型的體現出了所具有的極其精湛的工藝價值、極高的藝術欣賞價值和沉甸甸的歷史文化價值。這就使傢具藝術成爲中華民族值得驕傲並珍視的寶貴遺産之一。

　　然而，由於種種歷史的、政治的、經濟的客觀因素，古典傢具藝術在我國始終未能得到應有的重視，甚至屢遭厄運。有些殘存於宮殿、園林、民村鄉舍中的絶代佳作在無人問津下榫脱漆落、破爛不堪，瀕於自滅。當我獲知具有數百年歷史的中國傢具珍品低值流入異國它鄉，頻頻出現在外國人的居室之中，並以此作爲家庭文化水準的標誌，爲擁有一套中國傢具而感到是最高級、最體面的事情的時候；當我面對一個連環畫家爲創作一套反映唐代生活的畫册而去古都西安尋覓唐時期傢具形象竟掃興而歸的時候，我的心怎麼也按捺不住了。

　　西方人對傢具研究甚精，出版著述亦多，十八世紀已有令人值得誇耀的《傢具辭典》這部傢具設計中最早的百科全書了，以後，有關傢具史、傢具製作及各個時期傢具形式的多種圖録版本書籍出版亦盛。近來更有了中國學者編繪西方歷代傢具圖册的例子。我國雖早於宋時就有《木經》三卷，可惜未能流入後世。明代又有《魯班經》、《髹飾録》、《三才圖會》等傢具專著，但多爲木作的分類與製造的經驗總結。建國後，

15

方有深研此道的前輩、學者歷盡艱辛，出版了明代傢具及歷代傢具學術性專著，着實令人稱快。但是，要了解中國歷代傢具的發展演變過程，却不能沒有一部全面反映與刻畫各個歷史時期傢具形象的圖錄性書籍，遺憾的是，事實却常真沒有這樣一部書。作爲新一代的青年設計師，我自覺應該肩負起這個責任，填補上這個空白，爲祖國民族文化寶庫中屢受冷落的傢具藝術做些有益的工作!

　　1987年初春，我因有關書稿的事，有機會與江蘇美術出版社的胡博綜與高雲兩位先生接觸，論及此事，即得到他們的支持，並鼓勵我能盡快將其收集的資料整理、充實、編繪出書，取名《中國歷代傢具圖錄大全》。

　　言之容易做之艱難。時間短、篇幅大，要這樣完整系統地編繪好一部反映中國各時期古典傢具形象藝術的書，其勞動量和難度是可想而知的了。

　　我們的祖先，遠在使用石器工具的時代，就開始掌握用自然石塊磊成原始傢具使用，至商周已形成了象"俎"和"禁"那樣的傢具基本形象。然而，因木製品不能與石器、陶器、銅器一樣經久保存，從而使我們現今無法獲得更多的早期考證實物。要得到更多祖先的傢具形象，就必須在浩如烟海的中國古代文化藝術遺產裏搜尋；從古今各有關專業的書籍中去發現；從相關的古代繪畫、壁畫中去考證？還要深入遍布各地的園林、宮殿、博古文物店及民居存放收藏的實物中去收集、測繪。面對如此大量的工作、繁多的實例和浩瀚的資料，縱能極盡畢生精力亦難以將其精華一一收入，又何況此乃是業餘時間所作。但強烈的責任感和事業心又驅使着我，祇有在其所能的範圍內爬梳剔抉，斟酌取捨了。此外，由於該書是以向有關傢具、建築、室內、園林、工藝美術的設計人員及連環畫編繪和舞台、影視美工等人員提供設計借鑒、研究、引用爲前提的一部專業工具性圖書，所以，對書中每一件家具（除從古典繪畫中獲得的資料外）圖稿的質量要求甚高。不僅要從視覺藝術的角度上表現好中國古典傢具獨特的光輝成就，更要求在專業技術的領域裏，將具結點部位每一個細微的接合方式以及

16

局部鏤花、浮雕和鑲嵌的圖案形式、盡其所能的得到清晰的體現，故這後一點便是全書需花勞動量最大的一部分。

爲此，我不會忘記，在炎日盛夏的星期假日裏，獨自踏車數十公里，去民村鄉舍尋覓民間傢具的踪影。亦不會忘記，爲測出一些雕鏤傢具紋樣的全部或殘存的散件局部圖案，被店員反鎖於傢具舊貨倉裏的多少個白天與夜晚；更不會忘記，多少個春秋夜以繼夜的伏案時光。但求汗水能換得廣大讀者在今後工作上的便利，給做好我國歷代傢具形象藝術資料的系統收集及整理這項工作帶來些補益，果能如此，所吃辛苦也就很值得了。

《中國歷代傢具圖錄大全》一書，終於由江蘇美術出版社出版，和讀者見面了。

這是一部以圖例爲主，輔以簡要文字的涉及中國歷代傢具藝術成就的工具書。全書內容共分七部分，包括商周、戰國、漢代與三國時期的傢具附圖52幅；兩晉、南北朝與隋唐、五代時期的傢具附圖108幅；宋代、金代與元代時期的傢具附圖75幅；明代時期的傢具附圖423幅；清代時期的傢具附圖158幅；近代時期的傢具29幅；明、清時期五金裝飾件與榫卯構造附圖111幅。全書合計收集中國歷代各時期傢具造型資料圖956幅，約千餘件古典傢具形象。

爲了方便讀者在今從作更進一步的研究與探索，書中所列各時期的傢具，均按編號、朝代、傢具名稱、規格和出處（藏者或資料作者、題目）的順序進行逐圖加注。

書中各時期的傢具分類，原則上以坐具、几案、櫥櫃、床榻、台架、屏座六大類先後排列，但由於受書籍版式及古典繪畫中資料內容以及數量限制，有些時期的篇章無法順序，祇能按自由形式編排。此書的出版，祇是在祖國寶貴的文化藝術遺產——歷代傢具造型資料的系統收集與整理方面起個頭，囿於時間短促，亦受條件、環境及能力所限，盡管主觀上極盡努力，但客觀上仍存有諸多不足。作爲拋磚引玉，更希望有志同道合者添磚加瓦，倘若能得到前輩、老師及讀者指教，我會引此爲榮。

中國歷代傢具造型藝術是隨着歷史的推進而不斷創新發展的，其演變過程也是一個繼承和發展的過程。無論是淡雅質朴的民間傢具，還是雕刻繁縟、裝飾華麗的宮廷傢具；無論是代表勞動人民的思想意識，還是體現統治者的驕奢淫逸，都閃耀着勞動人民的創造智慧，滲透着歷代良工巧匠的血汗，或多或少地反映着人民的吉祥願望、幸福追求、風俗習慣和欣賞趣味。自覺或不自覺地浸染着勞動人民的審美意識，體現着藝術的某些美學規律和形象法則，其中很多有益的營養因素及世代相傳的高超技藝是我們當今有愧之而不及的。

　　一些將宮廷傢具一概盲目視爲糟粕的論解，我以爲是對民族歷史文化的一種玷辱和不負責任的態度。我們需要的首先應是認識它，了解它的内涵所在，然後深入研究分析，再從中批判性的加以繼承。在此編後，我要大聲疾呼，有關部門應進一步重視加强對祖國這份遺産的發掘，應將這個工作作爲專項課題，撥出專項資金、組織專門力量，制訂切實可行的計劃，對流散於民間，散存於宮殿、園林的優秀民間傳統傢具、古典園林傢具、歷代宮廷傢具作更進一步系統的調查、收集和調理，組織編繪更完整全面的專業卷帙《中國古典園林傢具圖録》、《中國民間傳統傢具圖録》、《中國歷代宮廷傢具圖録》等出版，以流世後人，讓中華民族世代祖先用勤勞智慧的雙手創造出的這份瀕於自滅的珍貴財富，在祖國這片豐潤、肥沃的文化藝術土壤上綻開新的奇葩。

　　最後，我要感謝南京東南大學建築研究所所長齊康教授給予的指導和幫助，還要感謝江蘇美術出版社的高雲先生和鎮江市圖書館蕭平珍女士爲本書提供資料。感謝鎮江市園林招待所張明淵先生、南通南大街貿易信托商店韓坤華和陸明先生、南通嗇園黄杏橋先生以及南通狼山廣教寺演城法師爲本書收集資料提供方便，同時，還要誠謝我的夫人吕巧霞對本書自始至終的鼎力相助。

阮長江　1989年10月於南通富民港

China is one of the world's oldest countries, with a long-standing civilization that was created in the long course of history. As an important component of this treasure-house of culture, furniture art has experienced prosperity and decline. For thousands of years, our forefathers created, by their ability and wisdom, characteristically styled furniture which clearly reflects the development of production, lifestyle, thoughts, and feelings, as well as the artistic values of different ages. As for the artistic achievements of Chinese furniture, it has had a great impact on many Eastern and Western countries and plays an important role in world furniture.

The distinguishing feature of Chinese furniture lies in perfecting the functions of both serving human beings, and expressing the different artistic styles developed in specific times. In general, furniture of the Ming and Qing Dynasties typically show their exquisite craft value, artistic value, and historical cultural value. This makes furniture art a part of the valuable heritage in which we Chinese take pride.

However, for historical, political, and economic reasons, classical furniture art has not drawn as much attention as it deserves, and several times it has suffered misfortune. Some superb remnants in palaces, gardens, and rural residences are uncared for and in disrepair, with the paint peeling off. They have become so ragged that they are on the brink of ruin. I cannot contain my feelings when I hear of our Chinese furniture treasures, with their long history, spread abroad at low prices and appearing in foreign living rooms as a symbol of family cultural standards, and when I face a painter who tried in vain in Xi'an to collect some furniture patterns for his picture album on Tang Dynasty life.

FOREWORD

Westerners have made a thorough study of furniture and have had many monographs published on this subject. As early as the 18th century, the *Furniture Dictionary*, the earliest encyclopedia on furniture design, came into being. Since then, books on cabinet-making history and furniture styles of different ages sprang up like mushrooms. Recently, some Chinese scholars also compiled some picture albums on Western furniture of different ages. In China, although the three-volume *Mu Jing* was produced in the Song Dynasty, it was unfortunately not passed down to later generations. In the Ming Dynasty, there were such furniture classics as *Lu Ban Jing, Song Shi Lu* (Decoration Record) and *San Cai Tuhui* (Pictorial Collection of Three Talents). However, these works were generally seen as summaries of experience in classification and manufacture of furniture. It was not until the founding of the People's Republic that scholars of the older generation managed to publish several treatises on furniture of the Ming Dynasty as well as past ages. But it is impossible to understand the whole development process of Chinese furniture without any pictorial reference books that depict Chinese furniture of past ages from all sides. Unfortunately, such a book has not existed until now. As a designer of the younger generation, I feel the responsibility to undertake this task and fill the gap. I will try my best to do some useful work to help furniture art find its rightful place in the treasure-house of our national culture.

In early spring of 1987, I came into contact with Mr. Hu Bozong and Mr. Gao Yun of Jiangsu Art Press, in regard to the draft of a book. When I spoke of my plan, they lent me their support and encouraged me to collect materials, and compile the book as soon as possible. The book was named *Illustrated Chinese Furniture Through the Ages*.

21

Some things are more easily said than done. The difficulty and amount of work involved in completing such a systematic and integrated work on classical Chinese furniture patterns in such a short time can be imagined.

As early as the Stone Age, our forefathers began to make furniture by piling up stones. By the Shang and Zhou Dynasties, such basic furniture styles as *"Zu"* and *"Jin"* had formed. Woodwork, however, does not last as long as stone implements, pottery, and bronzes, so it is difficult to obtain more tangible objects from early times. To obtain more ancient furniture patterns, we must explore among the voluminous heritage of Chinese culture, and search for clues among reference books. We must also obtain substantial evidence from ancient paintings and murals, and collect materials from tangible objects in gardens, palaces, museums, and rural residences. In the face of such a voluminous amount of work, I felt that even if I were to devote my whole life to it, I could hardly take in all of the essence, much less do all the work in my spare time. But a sense of responsibility and dedication drove me to select the finest examples. Because this is a reference book geared to designers of furniture, architecture, interior decoration, gardening, and arts and crafts, as well as a treatise for personnel in the specific fields of stage, television, and movies, every picture in the book had to be of high quality. Not only did they have to represent the great achievements of classical Chinese furniture through visual art, but they also had to show as clearly as possible the subtle combined styles and graphic patterns of ornamental engraving, relief sculpture, and inlay. This latter part required the larger part of my work.

I cannot forget that on sweltering summer weekends, I cycled many kilometers to the countryside, looking for traces of ancient folk furniture. Nor can I forget being locked in a second-hand furniture warehouse for several days and nights, in order to find some whole or fragmentary partial designs on carved furniture. Much less can I forget bending over my work desk day and night, month after month and year after year. However, if my contribution can provide assistance in the readers' future work, and fill a gap in work on ancient Chinese furniture pattern art, my arduous labor will have been worthwhile.

Illustrated Chinese Furniture Through the Ages has now been published by Jiangsu Art Press. This is a reference book showing the achievements of ancient Chinese furniture art. There are a large number of pictures in it, accompanied by brief captions. The book is divided into seven sections, including 50 furniture figures from the Shang, Zhou, Warring States, Han, and Three Kingdoms periods; 108 figures from the Eastern and Western Jin, Northern and Southern Dynasties, Sui, Tang, and Five Dynasties; 75 figures from the Song, Jin, and Yuan Dynasties; 423 figures from the Ming Dynasty; and 158 figures from the Qing Dynasty. It also includes 29 figures of modern furniture and 111 figures of hardware ornaments and mortise and tenon structures of the Ming and Qing Dynasties. Altogether, we have 956 figures in the book; more than a thousand antique furniture patterns.

For readers' convenience, all the furniture patterns in the book are appended with notes in the order of serial numbers, dynasties, names, specifications, and sources (collector or author, and title of work).

Furniture in the book is classified into six main categories: sitting sets, tables, cabinets, beds, shelves, and screens. However, sections on certain periods, limited by the format of the book as well as the nature and quantity of information from classical paintings, are not arranged in order but compiled in free

23

style. The publication of this book is justified in that it systematically collects and sorts a valuable cultural heritage of our country, our ancient furniture patterns. Owing to limited time, conditions, and ability, the book still leaves much space for improvement. I will feel honored to receive any advice or criticism from specialists of the older generation and readers who cherish the same ideas.

The art of Chinese furniture is constantly developing and recreating itself with the advance of history. The process of its development is one of inheritance and advance. Both simple and unsophisticated folk furniture, representing the thoughts and beliefs of the working people, and magnificently decorated carved palace furniture, reflecting the luxurious and extravagant lives of the rulers, are embodiments of the creative wisdom of the working people. They are permeated with the blood and sweat of craftsmen throughout the ages, reflecting to a greater or lesser extent the people's hopes for good fortune, pursuit of happiness, customs, habits, and interests. Whether consciously or unconsciously, they embody the aesthetic values of the working people, and many of the superb skills they incorporate are beyond our abilities today.

I feel that those who blindly look down on palace furniture take an irresponsible attitude toward our national history and culture, and bring disgrace upon it. What we need to do is to recognize it, understand its connotations, make further study and analysis, and critically assimilate it. In the afterword to this book, I call for relevant institutions to put more emphasis on this valuable heritage of our country, make it a special research project, appropriate funds, organize specialists, and devise a feasible plan to do further systematic investigation, collection, and arrangement of outstanding national folk furniture, classical garden furniture, and ancient palace furniture, which are scattered among folk residences, palaces, and gardens. I hope that someday, fuller and more extensive treatises will be published and handed down to future generations, such as *Classical Chinese Garden Furniture*, *Traditional Chinese Folk Furniture*, and *Ancient Chinese Palace Furniture*. We should do our best to save these valuable treasures created by the hands and minds of our ancestors from the verge of extinction, and should let this new and wonderful flower blossom on the rich cultural soil of our motherland.

Finally, I would like to express thanks to Professor Qi Kang, director of the Architecture Research Institute of Southeast University in Nanjing, for his guidance and help. I should also thank Mr. Gao Yun of Jiangsu Art Press, and Mrs. Xiao Pingzhen of the Zhenjiang City Library for supplying me with materials, and Zhang Mingyuan, Han Kunhua, Lu Ming, Huang Xingqiao, and Master Yan Cheng, who helped me to collect materials. Above all, I give my deep thanks to my wife, Lu Qiaoxia, who has been a great backer of this book from the very beginning to the end.

Ruan Changjiang
October 1989 Nantong

商、周、戰國、漢代及三國時期的家具

人類自遠古時代的洞穴開始，爲了避寒暑隔潮濕，便知道用茅草、樹葉或獸皮爲席，以樹樁、石塊作墩，形成最初的原始傢具雛形。

　　當木構建築出現，人類脫離原始的穴居生活後，傢具又隨之得到新發展。從商、周兩代的青銅器中，已經可以看到象俎、禁這樣代表着後代几、案、桌、箱、櫥的母體形象，以及鑄有饕餮紋、夔紋、雲紋等精美的雕飾圖案了。另從發掘出周朝數以萬計的刻有貞卜記事的甲骨上，依據有關傢具的象形文字，還可大致推測出當時已被廣爲應用的床和几的傢具形象。

　　到春秋、戰國時期，生產力的提高不斷推動着手工業的發展，髹漆工藝已達到相當的水平。在河南信陽楚墓和湖南戰國墓葬中都曾出土有大量精致的漆器傢具，如髹漆彩繪的案、俎、木几及大木床等。此外，建築與冶煉技術的進步，使當時用於木業製作的工具已有斧、鋸、鑽、鑿、鏟等，測量也有規矩準繩。燕尾榫、凹凸榫、割肩榫等木製結構亦在傢具得以廣泛運用。

　　漢代、三國時期，傢具的類型又在春秋、戰國的基礎上發展到床、榻、几、案、屏風、櫃、箱和衣架等。不過，由於席地而坐，几、案、衣架和睡眠的床、榻都很矮，几在春秋戰國時多置於床上作憑椅；案到漢代多設於床前或榻的側面，案面逐漸加寬加長；屏風呈兩面或三面形，圍在床的後邊和側邊。至東漢末靈帝時，胡床也由西域傳入中原，但多流行於宮廷與貴族間，僅作戰爭和狩獵時的必備傢具。

1. Furniture of the Shang, Zhou, Warring States, Han, and Three Kingdoms Periods

As early as ancient cave times, in order to fight the cold and heat as well as damp, human beings began to use grasses, leaves, and animal fur as mats, and use stumps or stones as blocks. These were the embryonic forms of early furniture.

As wooden buildings came into being, humans abandoned their primitive cave dwellings, and furniture was brought into new development. From the bronzewares of the Shang and Zhou Dynasties, we can find 'Zu' and 'Jin,' which were the embryonic forms of the later small table, long table, desk, chest, and closet. We can also find many exquisite carving patterns of clouds and of mythical beasts such as the 'taotie' and 'kui.' From thousands of tortoise shells used for divination and record-keeping, we can deduce the appearance of tables and beds, which were widely used according to the pictographs.

By the Spring and Autumn Period and the Warring States Period, the rise in production capability pushed forward the development of handicrafts, and lacquerware art reached a very high level. A large quantity of lacquerware furniture has been excavated from Chu graves in Xinyang, Henan Province, and Warring States graves in Hunan Province. Among them are desks, counters, small tables, and wooden beds lacquered with colored patterns. In addition, advances in building and smelting technology brought about such woodworking tools as axe, saw, drill, chisel, and shovel, and measurement tools such as the standardized ruler. Swallowtail tenons, concave and convex tenons, and cutting-tip tenons were also widely used in the manufacture of wooden furniture.

In the Han Dynasty and Three Kingdoms Period, furniture types such as bed, couch, table, desk, screen, cabinet, chest, and clothing stand developed on the foundation of those of the Spring and Autumn and the Warring States Periods. However, due to the custom of sitting on the ground, the legs of the furniture were short. Tables in the Spring and Autumn and the Warring States were usually put on beds. Desks in the Han Dynasty were often placed in front of the bed or beside the couch, and their surfaces gradually became long and wide. Screens were set up behind or beside the bed. By the reign of the emperor Ling Di of the late Eastern Han Dynasty, the *'Hu-chuang'* bed had spread from the 'Western Realms' (today's Northwest China) to the central plains, but it was prevalent only in palaces and among the nobility, used as necessities when hunting or in time of war.

圖 1 － 1　漢‧帶屏風的榻和案　遼寧遼陽漢墓壁畫。

圖1-2 商·甲骨文、金文中早期有關傢俱像形文字的記載。如"疾"像病人因疼痛難忍而汗滴如雨地臥於牀上；"夢"像一人臥於牀上，手舞足蹈地進入夢境。

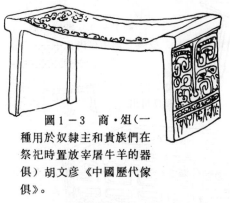

圖1-3 商·俎（一種用於奴隸主和貴族們在祭祀時置放宰屠牛羊的器俱）胡文彥《中國歷代傢俱》。

圖1-4 戰國·金銀彩繪漆案（長1500、寬720、統高124、厚40mm）河南信陽長臺關楚墓出土。

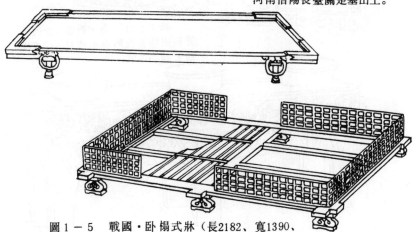

圖1-5 戰國·臥榻式牀（長2182、寬1390、統高813、足高190mm）河南信陽長臺關楚墓出土。

33

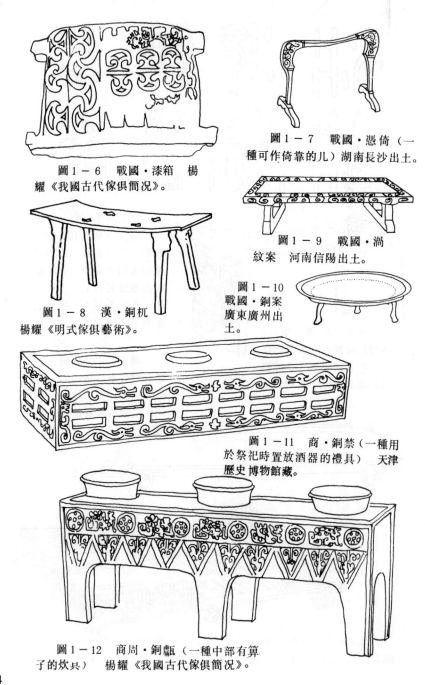

圖 1－6 戰國・漆箱 楊
耀《我國古代傢俱簡況》。

圖 1－7 戰國・憑倚（一
種可作倚靠的几）湖南長沙出土。

圖 1－9 戰國・渦
紋案 河南信陽出土。

圖 1－8 漢・銅机
楊耀《明式傢俱藝術》。

圖 1－10
戰國・銅案
廣東廣州出
土。

圖 1－11 商・銅禁（一種用
於祭祀時置放酒器的禮具） 天津
歷史博物館藏。

圖 1－12 商周・銅甗（一種中部有箅
子的炊具） 楊耀《我國古代傢俱簡況》。

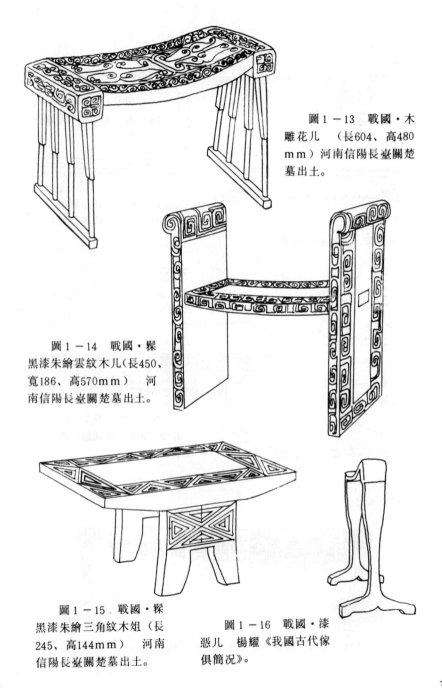

圖1－13　戰國・木雕花几（長604、高480mm）河南信陽長臺關楚墓出土。

圖1－14　戰國・髹黑漆朱繪雲紋木几（長450、寬186、高570mm）河南信陽長臺關楚墓出土。

圖1－15　戰國・髹黑漆朱繪三角紋木俎（長245、高144mm）河南信陽長臺關楚墓出土。

圖1－16　戰國・漆憑几　楊耀《我國古代傢俱簡況》。

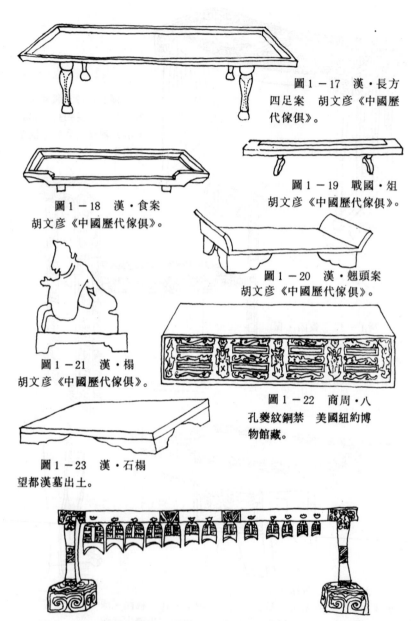

圖 1 − 17　漢・長方
四足案　胡文彥《中國歷
代傢俱》。

圖 1 − 18　漢・食案
胡文彥《中國歷代傢俱》。

圖 1 − 19　戰國・俎
胡文彥《中國歷代傢俱》。

圖 1 − 20　漢・翹頭案
胡文彥《中國歷代傢俱》。

圖 1 − 21　漢・榻
胡文彥《中國歷代傢俱》。

圖 1 − 22　商周・八
孔夔紋銅禁　美國紐約博
物館藏。

圖 1 − 23　漢・石榻
望都漢墓出土。

圖 1 − 24　戰國・鍾架　胡文彥《中國歷代傢俱》。

圖1－25　漢·牀榻　漢代畫像磚。

圖1－26
漢·櫃
胡文彥《中國
歷代傢俱》。

圖1－27　漢·長方
棜（曲柵橫府案）　胡文
彥《中國歷代傢俱》。

圖1－28　漢·粗木矮棜
胡文彥《中國歷代傢俱》。

圖1－29
漢·陶侖
（模型）　胡
文彥《中國歷
代傢俱》。

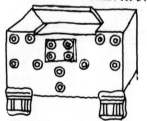

圖1－30　漢·陶櫥（模
型）胡文彥《中國歷代傢俱》。

圖1－31　漢·櫃
胡文彥《中國歷代傢俱》。

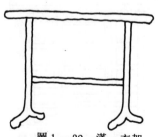

圖1－32　漢·衣架
胡文彥《中國歷代傢俱》。

圖1－33　漢·漆屏
風　馬王堆一號墓出土。

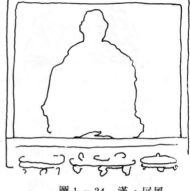

圖1－34　漢·屏風
龠村格爾東漢墓出土。

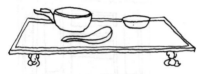

圖1－35　漢·陶案
河南靈寶張彎東漢墓出土。

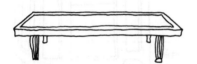

圖1－36　漢·陶案
河南輝縣百泉漢墓出土。

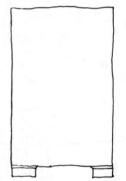

圖1－37　漢·陶屏
風　河南洛陽澗西七里河
東漢墓出土。

圖1－38　漢·陶櫥
（模型）　楊耀《我國古
代傢俱簡況》。

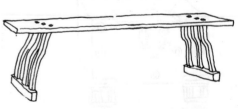

圖1－39　漢·機
楊耀《我國古代傢俱簡況》。

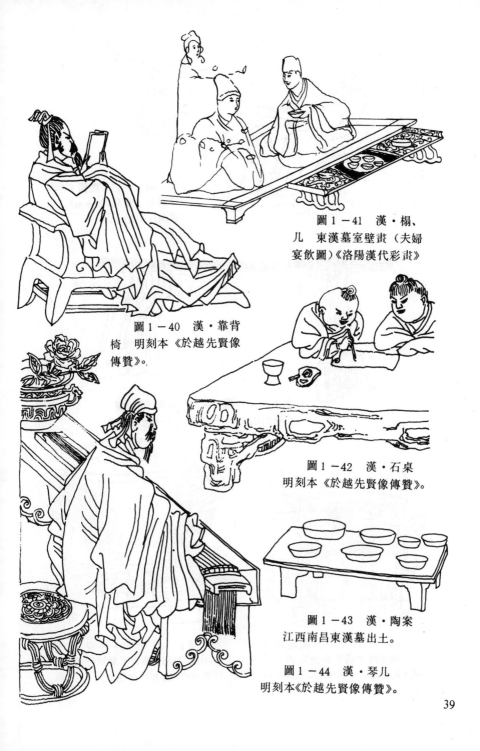

圖1-41 漢·榻、几 東漢墓室壁畫（夫婦宴飲圖）《洛陽漢代彩畫》

圖1-40 漢·靠背椅 明刻本《於越先賢像傳贊》。

圖1-42 漢·石桌 明刻本《於越先賢像傳贊》。

圖1-43 漢·陶案 江西南昌東漢墓出土。

圖1-44 漢·琴几 明刻本《於越先賢像傳贊》。

圖1－45　戰國・牛虎銅案（通高435mm）雲南江川出土。

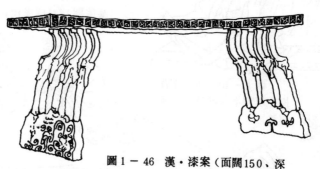

圖1－46　漢・漆案（面闊150、深950、高320mm）　江蘇連雲港唐莊出土。

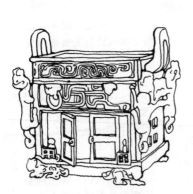

圖1－47　西周・獸足方鬲（一種反映中國早期建築與家具構件的形象）　劉敦楨《中國古代建築史》。

圖1－48　西周・令毀（一種反映中國早期建築與家具構件的形象）劉敦楨《中國古代建築史》。

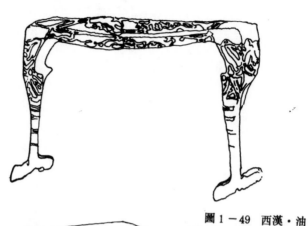

圖1-49 西漢・油彩漆几 長沙馬王堆一號漢墓出土。

圖1-50 戰國・木俎 湖北江陵望山一號楚墓出土。

圖1-51 春秋・"H"形髹黑漆木几(高375、長360、中寬147、兩端寬122 mm) 長沙瀏城橋一號墓出土。

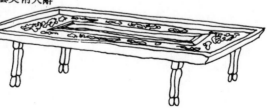

圖1-52 漢・筐牀(古代的一種方形坐具) 吳山《中國工藝美術大辭典》。

圖1-53 東漢・龍鳳魚蟲紋銅案(案長645、寬425、深15、通高133mm) 廣東德慶大遼山出土。

兩晉、南北朝與隋唐、五代時期的家具

兩晋、南北朝時期，由於統治階級內部爭權奪位而造成軍閥的不斷混戰。因此却促進了各民族、教派間文化藝術的交流與融合。同時也使各民族的傢具在形製與功能上得以相互滲透和吸收，人們雖仍習慣席地而坐，但由西北傳入中原的胡床已逐漸普及民間。這時出現了各種形式的高坐具，如扶手椅，方凳、束腰筌蹄等。床、榻亦開始增高加大，有的上部還没頂帳仰塵，四邊圍置可拆卸矮屏，下部多以壺門爲飾。床上除有供倚靠的凭几外，還出現了作爲倚躺填腰之用的隱囊及供坐扶靠用的圈形曲几。

　　隋唐、五代時期，隨着政治的穩定、經濟的興旺和文藝的繁榮，使中國封建社會前期的發展達到高峰。建築技術的日趨成熟，推動了傢具形製的變革和種類的進一進發展。

　　首先是垂足而坐的方式由上層階級開始逐漸遍及全國，與依然保留着席地而坐的習慣同時存在，出現了高低型傢具並用的局面。從南唐畫家顧閎中的《韓熙載夜宴圖》及敦煌壁畫中都可看到：圈形扶手椅、長桌、長凳、腰圓凳、靠背椅及頂帳屏床、凹形床、鼓架和燭台等類型的新形傢具已趨於合理實用。尺度亦與人體的比例相諧調。有些傢具的部件還施有對稱式曲線的圖案雕飾，如五代王齊翰《勘書圖》中所示三折屏風的木座和敦煌壁畫中住宅的床、榻與長案下部變形的各種壺門裝飾等。此外，髹漆和鑲嵌工藝在傢具中也得到進一步運用，這在刻劃唐代貴族與統治階層生活的圖卷中均有較清楚的反映。

2. Furniture of the Eastern & Western Jin, Northern & Southern, Sui, Tang, and Five Dynasties

45

In the Eastern and Western Jin and the Northern and Southern Dynasties, wars among warlords went on ceaselessly as a result of struggles for power and profit among the ruling class. This promoted the exchange and mixing together of the culture and art of different peoples and religions. At the same time the forms and functions of furniture were also thoroughly combined with each other. Although people were still used to sitting on the ground, the use of the 'hu-Chuang' bed from the Northwest had gradually become widespread, and various kinds of high-legged sitting furniture began to appear, such as the armchair and square stool. Beds and couches became higher and bigger, with curtains at the top and surrounded by a removable screen. Besides a small table, there was a cushion for resting the back, and a round-backed armchair on the bed.

In the Sui, Tang, and Five Dynasties, early Chinese feudal society reached its acme, owing to stable politics, a prosperous economy, and a flourishing culture. Architectural techniques gradually matured, stimulating the further transformation and diversification of furniture.

First, the custom of sitting in a chair spread from the upper class to the entire population, although the habit of sitting on the ground did not disappear. Therefore, both high and low furniture existed simultaneously. From the painting 'Han Xi Zai Ye An Tu' by the Southern Tang artist Gu Hongzhong, and from the frescoes at Dunhuang, we can see that new kinds of furniture such as the the round-backed armchair, long table, long stool, round-backed stool, chair and bed with curtain and screen, concave bed, drum rack and candlestick were used rationally, and the overall size was coordinated with the human body. Some parts of the furniture were carved with symmetrical curvilinear patterns, such as the wooden stand of the three-part folding screen shown in Wang Qihan's work *'Kan Shu Tu,'* written in the Five Dynasties Period, and the lower parts of the bed, couch, and long desk in houses depicted in frescoes at Dunhuang. Lacquerware and inlay art was also widely used in furniture. This is clearly reflected in paintings depicting the lives of the ruling class and nobles of the Tang Dynasty.

圖2-1 唐・壺門案、腰圓櫈（唐）周昉《宮
樂圖》，臺灣故宮博物院藏。

圖２－２　　兩晋南北
朝・方櫈　敦煌257窟。

圖２－３　　兩晋南北
朝・椅子　敦煌285窟。

圖２－４　　兩晋南北
朝・束腰形圓櫈　河南洛
陽龍門石窟蓮花洞。

圖２－５　　兩晋南北
朝・憑儿及牛車中之憑儿
江蘇南京六朝墓出土。

圖２－６　　東晋・陶
厄案　江蘇鎮江象山冶煉
廠工地出土，鎮江博物館
藏。

圖２－７　　晋・憑儿
（唐）閻立本《陳宣帝像》。

圖２－８　　兩晋南北
朝・胡牀　敦煌257窟壁
畫。

49

圖2－9 東晉·牀
榻（東晉）顧愷之《女史
箴圖》唐摹本，英國倫敦
博物館藏。

圖2－10 兩晉南北
朝·椅子 敦煌285窟壁
畫。

圖2－12 南北朝·
牀榻 河南洛陽龍門賓陽
洞·維摩說法造像。

圖2－11 南北朝·
扶手靠背椅（清）馬駘畫
《馬駘畫寶》。

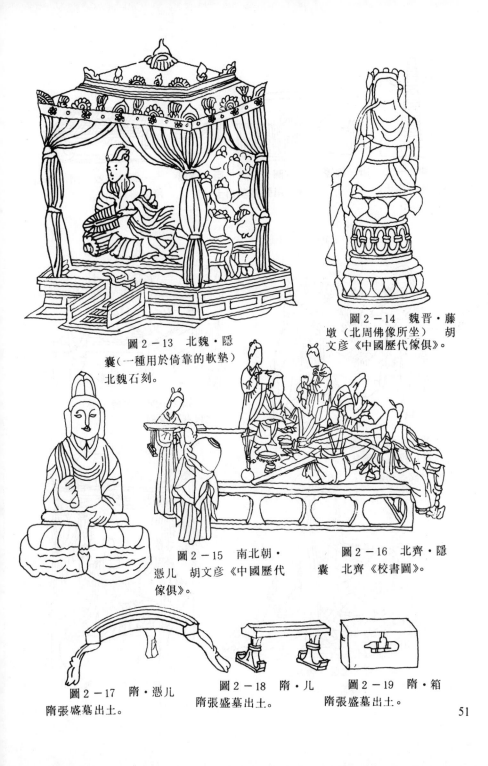

圖2-13 北魏·隱
囊(一種用於倚靠的軟墊)
北魏石刻。

圖2-14 魏晉·藤
墩(北周佛像所坐) 胡
文彥《中國歷代傢俱》。

圖2-15 南北朝·
憑儿 胡文彥《中國歷代
傢俱》。

圖2-16 北齊·隱
囊 北齊《校書圖》。

圖2-17 隋·憑儿
隋張盛墓出土。

圖2-18 隋·儿
隋張盛墓出土。

圖2-19 隋·箱
隋張盛墓出土。

51

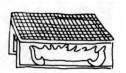

圖2－20　隋·鏡檯
隋張盛墓出土。

圖2－21　隋·檈與
椵　隋張盛墓出土。

圖2－22　隋·碁局
隋張盛墓出土。

圖2－24　北魏·牀
北魏石棺線刻。

圖2－23　北齊·胡
牀（可以摺疊的馬扎）
北齊《校書圖》。

圖2－25　唐·隱囊（唐）孫
位《高逸圖》上海博物館藏。

圖2－26　北魏·牀
北魏石刻。

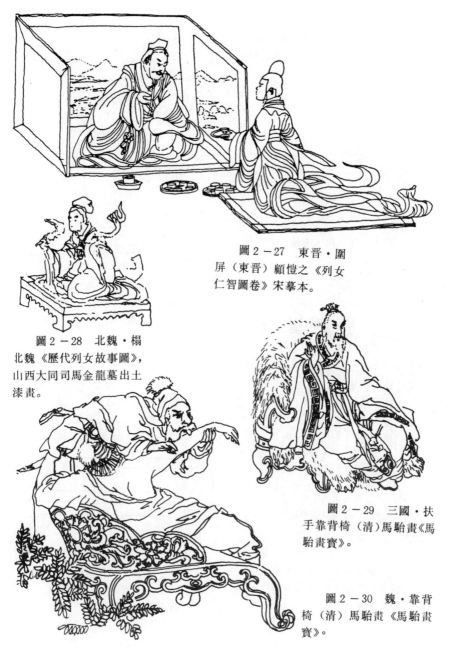

圖2－27 東晉‧圍
屏（東晉）顧愷之《列女
仁智圖卷》宋摹本。

圖2－28 北魏‧榻
北魏《歷代列女故事圖》，
山西大同司馬金龍墓出土
漆畫。

圖2－29 三國‧扶
手靠背椅（清）馬駘畫《馬
駘畫寶》。

圖2－30 魏‧靠背
椅（清）馬駘畫《馬駘畫
寶》。

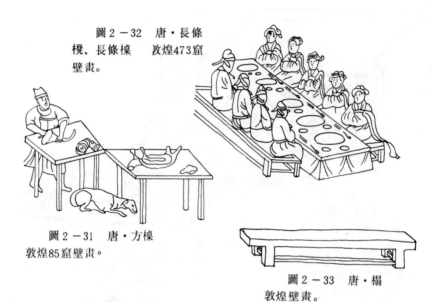

圖2－32　唐·長條榻、長條棜　敦煌473窟壁畫。

圖2－31　唐·方棜 敦煌85窟壁畫。

圖2－33　唐·榻 敦煌壁畫。

圖2－34　五代·方 棜（五代）衛賢《高士圖》。

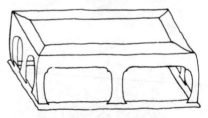

圖2－35　盛唐·牀 敦煌217窟南壁·法華經 變局部《得醫圖》。

圖2－36　唐·牀 （唐）李真《不空金剛像》 日本教王護國寺藏。

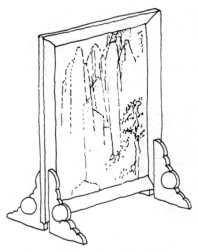

圖2－38　唐・屏風
敦煌172窟壁畫《歷代净土
變》。

圖2－37　唐・屏風
敦煌217窟壁畫（得醫圖）。

圖2－39　初唐・佛
座榻　敦煌323窟壁畫《迎
曇延法師入朝》。

圖2－40
　唐・胡牀
（唐）閻立本
《歷代帝王像
卷》，美國波
士頓美術館藏。

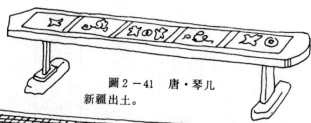

圖2-41 唐·琴几
新疆出土。

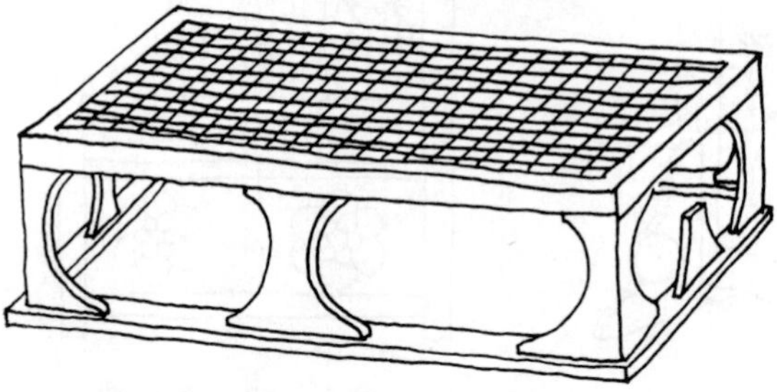

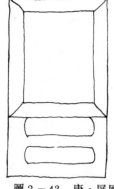

圖2-42 唐·雙陸
碁盤 新疆出土。

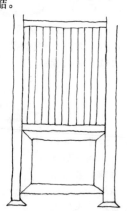

圖2-43 唐·屏風
敦煌172窟壁畫《西方净土
變》，維摩詰經變·維摩
詰。

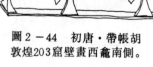

圖2-44 初唐·帶帳胡
牀 敦煌203窟壁畫西龕南側。

圖2-45 唐·屏風
敦煌172窟壁畫《西方净土
變》。

56

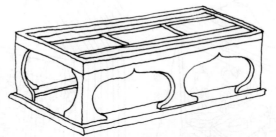

圖2－46　唐・雙陸碁盤　新疆出土。

圖2－47　唐・螺鈿木盒　新疆出土。

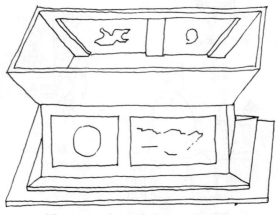

圖2－48　唐・螺鈿木盒　新疆出土。

圖 2－49　唐・長案
長橙　敦煌壁畫。

圖 2－50　唐・長案、
長橙　敦煌壁畫。

圖 2－51　唐・長案、
長橙　敦煌壁畫。

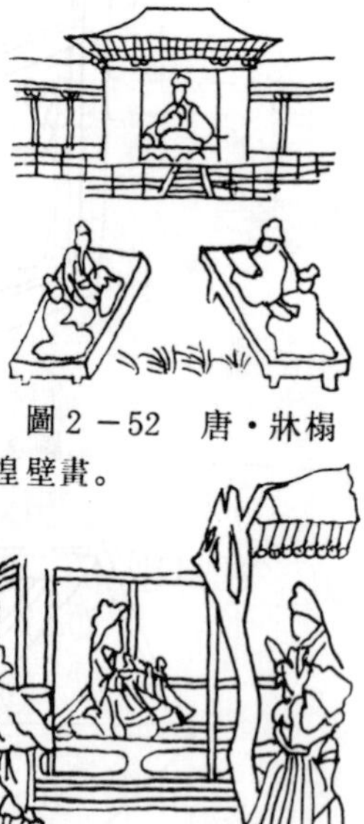

圖 2－52　唐・牀榻
敦煌壁畫。

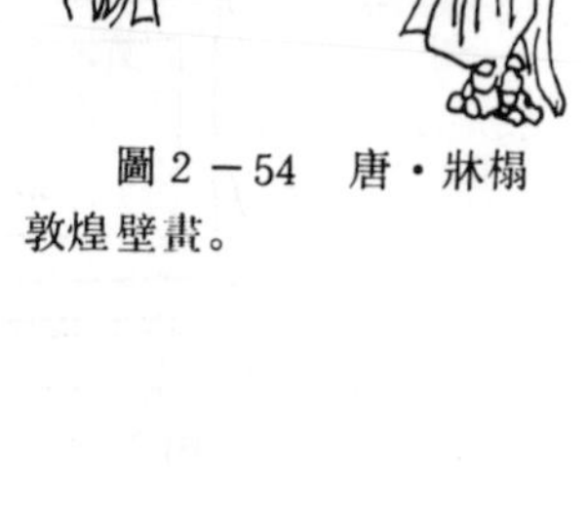

圖 2－54　唐・牀榻
敦煌壁畫。

圖 2－53　唐・高形
坐具　輯安高句麗墓畫。

圖 2－55　唐・禪椅
唐畫《賺蘭亭》。

圖 2－56　唐・長案、
長櫈　敦煌壁畫。

圖 2－58　唐・牀榻
敦煌壁畫。

圖 2－57　唐・牀榻
敦煌壁畫。

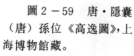

圖 2－59　唐・隱囊
（唐）孫位《高逸圖》，上
海博物館藏。

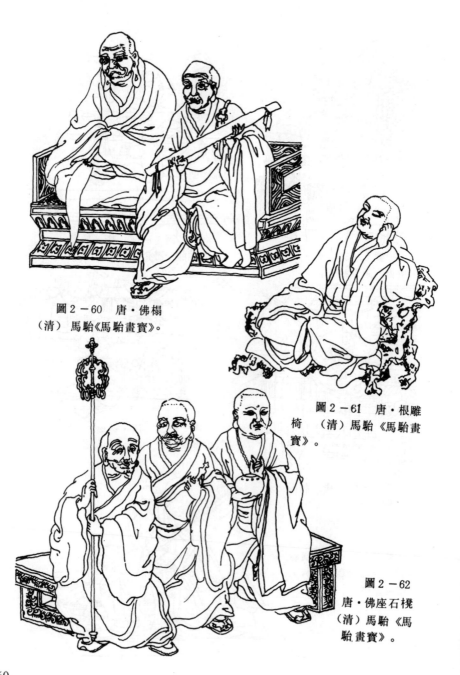

圖 2－60 唐・佛榻
（清）馬駘《馬駘畫寶》。

圖 2－61 唐・根雕
椅 （清）馬駘《馬駘畫
寶》。

圖 2－62
唐・佛座石棖
（清）馬駘《馬
駘畫寶》。

圖2－63　唐・竹榻
（清）馬駘《馬駘畫寶》。

圖2－64　唐・佛榻
（清）馬駘《馬駘畫寶》。

圖2－65　唐・根雕
花几　（清）馬駘《馬駘
畫寶》。

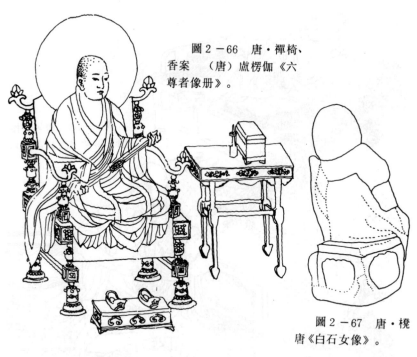

圖2-66　唐·禪椅、香案　（唐）盧楞伽《六尊者像冊》。

圖2-67　唐·橙　唐《白石女像》。

圖2-68　唐·繡牀（唐）周昉《揮扇仕女圖卷》，北京故宮博物院藏。

圖 2－69
唐・步輦
（唐）閻立本
《步輦圖》，北
京故宮博物院
藏。

圖 2－70　唐・腰圓
橙（唐）周昉《揮扇仕女圖
卷》，北京故宮博物院藏。

圖 2－71　唐・圈椅
（唐）周昉《揮扇仕女圖
卷》，北京故宮博物院藏。

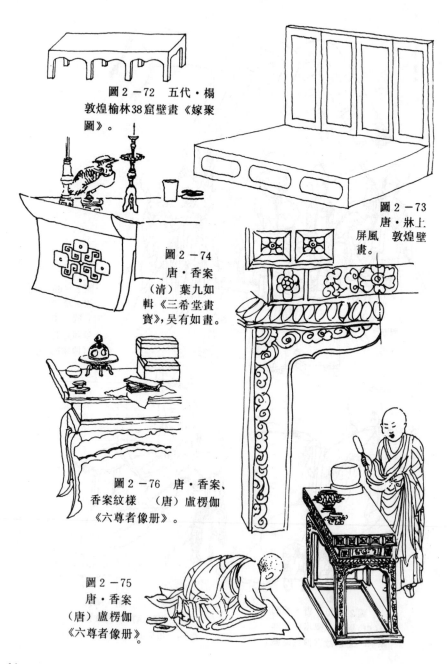

圖2－72 五代・榻 敦煌榆林38窟壁畫《嫁聚圖》。

圖2－73 唐・牀上屏風 敦煌壁畫。

圖2－74 唐・香案 （清）葉九如輯《三希堂畫寶》，吳有如畫。

圖2－76 唐・香案、香案紋樣 （唐）盧楞伽《六尊者像冊》。

圖2－75 唐・香案 （唐）盧楞伽《六尊者像冊》。

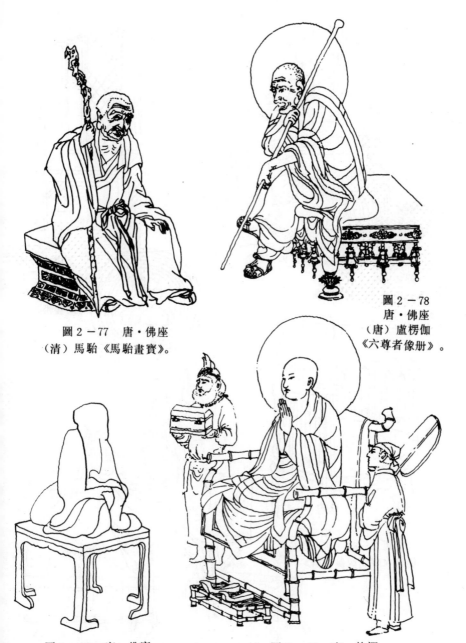

圖2－77　唐·佛座
（清）馬駘《馬駘畫寶》。

圖2－78
唐·佛座
（唐）盧楞伽
《六尊者像冊》。

圖2－79　唐·佛座
（初唐）敦煌323窟壁畫
《迎曇延法師入朝》。

圖2－80　唐·竹禪
椅、足承　（唐）盧楞伽
《六尊者像冊》。

65

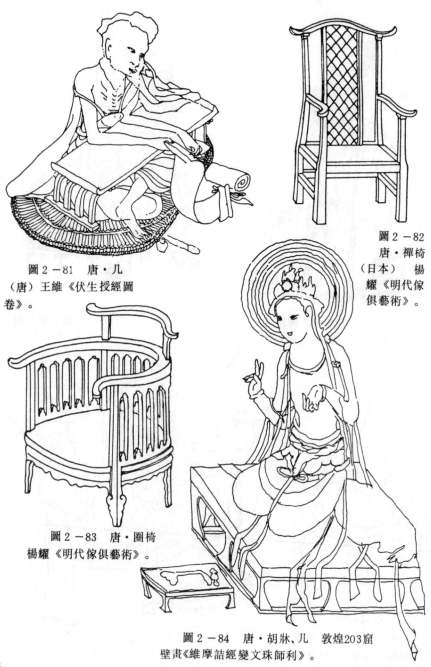

圖2-81　唐・几
（唐）王維《伏生授經圖
卷》。

圖2-82
唐・禪椅
（日本）　楊
耀　《明代傢
俱藝術》。

圖2-83　唐・圈椅
楊耀《明代傢俱藝術》。

圖2-84　唐・胡牀、几　敦煌203窟
壁畫《維摩詰經變文珠師利》。

圖 2 ─ 85　唐·榻、
扶手椅　敦煌196窟壁畫
《勞度叉鬥聖變·舍利弗》。

圖 2 ─ 86　唐·扶手
椅　敦煌196窟壁畫。

圖 2 ─ 88　隋·屏風、
靠背椅　（清）馬駘《馬
駘畫寶》。

圖 2 ─ 87　唐·壺門
大案　敦煌榆林25窟壁畫
《吐蕃時代，彌勒經變局
部·嫁娶》。

圖 2 − 89　五代・榻、
几、機　（五代）衛賢《高
士圖軸》，北京故宮博物
院藏。

圖 2 − 90　唐・機
（唐）張萱《搗練圖》宋
摹本，美國波士頓美術館
藏。

圖 2 − 91　五代・牀
榻　（五代）周文矩《宮
中圖》宋摹本，美國克里
夫蘭美術館、大都會博物
館、弗格美術館等處分藏。

68

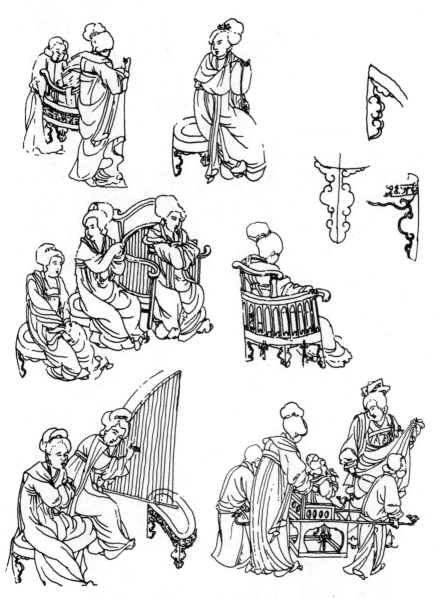

圖 2－92　五代·圈椅、圓櫈　圖 2－93　五代·圈椅、圓櫈　圖 2－94　五代·腰圓櫈、壺門扶手靠背椅（五代）周文矩《宮中圖》宋摹本，美國克里夫蘭美術館、大都會博物館、弗格美術館等處分藏。

圖2－95、圖2－96　五代・靠
背椅　（五代）顧閎中《韓熙載夜宴
圖卷》宋摹本，北京故宮博物院藏。

圖2－97　五代・屏風、靠背椅、條几（五代）
顧閎中《韓熙載夜宴圖卷》宋摹本，北京故宮博物院藏。

圖2－98　五代・靠背椅、足承　（五代）顧
閎中《韓熙載夜宴圖卷》宋摹本，北京故宮博物院藏。

圖2－99　五代・圓墩　（五代）顧閎中《韓
熙載夜宴圖卷》宋摹本，北京故宮博物院藏。

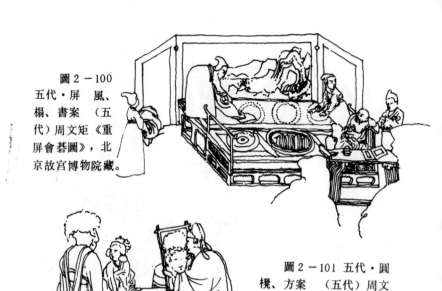

圖 2－100
五代·屏風、
榻、書案 （五
代）周文矩《重
屏會碁圖》，北
京故宮博物院藏。

圖 2－101 五代·圓
榻、方案 （五代）周文
矩《宮中圖卷》宋摹本，
美國克里夫蘭美術館、大
都會博物館、弗格美術館
等處分藏。

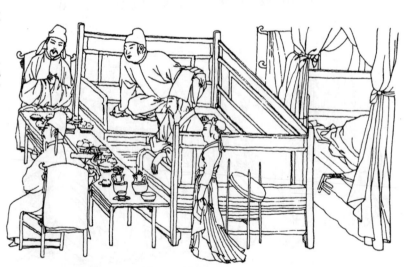

圖 2－102 五代·圍屏拐角榻、條几、靠背椅、鼓架 （五
代）顧閎中《韓熙載夜宴圖卷》宋摹本，北京故宮博物院藏。

圖2-103 五代·帶帳幔圍屏牀、圍屏榻、條
案、燭架 （五代）顧閎中《韓熙載夜宴圖卷》宋
摹本,北京故宮博物院藏。

圖2-104 五代·屏風、平頭案、扶手椅、方
櫈 （五代）王齊翰《勘書圖》 南京大學藏。

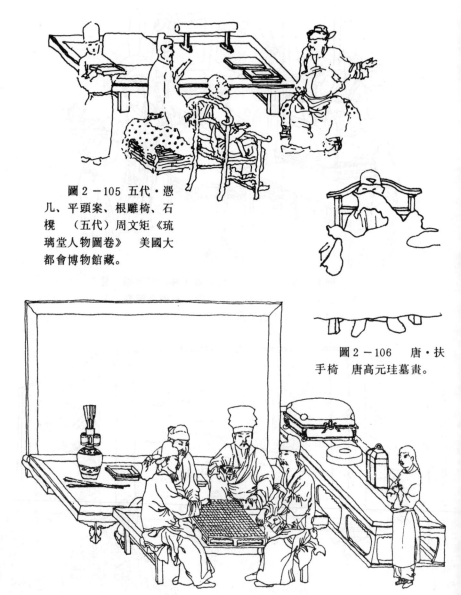

圖 2-105 五代・憑
几、平頭案、根雕椅、石
櫈 （五代）周文矩《琉
璃堂人物圖卷》 美國大
都會博物館藏。

圖 2-106 唐・扶
手椅 唐高元珪墓畫。

圖 2-107 五代・屏風、案、牀榻、平頭案、棋
局、箱 （五代）周文矩《重屏會碁圖》，北京故宮
博物院藏。

宋代、遼代、金代與元代時期的家具

自公元960年趙匡胤奪取後周政權以後，由於積極採取安邦定國的措施,使宋代農業、手工業、建築及科學技術都得到迅猛的恢復和發展。城市規模不斷擴大，宮殿、亭榭及園林等建築工程繁多。與此同時，始於東漢末年,經兩晉、南北朝陸續傳入垂足而坐的起居方式，至兩宋時，已完全普及民間。桌、椅、凳、床櫃、折屏、帶托泥大案等高型傢具十分普遍，並出現了很多新製形的傢具如高几等。這在《清明上河圖》《半閑秋興圖》等在畫中均有形象的反映。此外，專爲私塾製作的童椅、凳、案等兒童傢具亦在私辦學堂中普及開來。

　　在造型上，由於受建築樑、枋、柱及替木結構的影響，隋唐時流行的箱櫃壼門結構已被樑柱式櫃架結構取代。桌案的腿、面交接開始運用曲形牙頭裝飾，這在河北巨鹿出土的傢具實物中有例可見。一些桌面四周還帶鑲邊，制有梟混形的凹凸斷面與牙條相間做成束腰，有些還牙條向外膨出，腿部亦作彎曲式，做成向裏勾或向外翻的馬蹄狀，並出現了大量的裝飾線型。

　　室內布置到宋朝亦產生了新的變化，一般廳堂在屏風前面正中置椅，兩側各有四椅相對或僅在屏風前置兩圓凳，供賓客對座。但書房與臥室家具布局多取不對稱式，無固定製法。

　　元滅南宋後，農業雖屢遭摧殘，但工商仍甚發達，海外貿易較前繁盛，傢具雖多沿襲宋代傳統，但也有新的發展，如出現了羅渦根，霸王根及高束腰等新製法，使結構更趨合理，爲明清傢具的進一步發展奠定了基礎。

3. Furniture of the Song, Liao, Jin, and Yuan Dynasties

After Zhao Kuangyin came to power in A.D.960, he took effective measures to bring peace and stability to the country. This caused the agriculture, handicrafts, industry, architecture, and technology of the Song Dynasty to resume and develop rapidly. The scale of cities was enlarged, and numerous building projects were undertaken on palaces, pavilions, and gardens. Meanwhile, the style of sitting in a chair, which began in the late Eastern Han Dynasty, became very popular in the Song Dynasty. Tall furniture such as tables, chairs, stools, beds, closets, and screens were widely used, and many forms of furniture came into use. This is vividly depicted in Song Dynasty paintings 'Qing Ming Shang He Tu' and 'Ban Xian Qiu Xing Tu.' Moreover, children's chairs, stools, and desks made specifically for school use spread among the old-style private schools.

In terms of structure, 'hu-men' cabinet structure popular in the Sui and Tang was replaced by post and lintel structure under the influence of building beams, timbers, columns, and wooden constructions. Curved ivory-inlaid decoration was used in desk legs and connecting surfaces. This can be found in furniture unearthed at Julu, Hebei Province. Some of the table surfaces were inlaid on four sides and also had ivory strips alternated with uneven surfaces. Some strips extended outward. The legs were curved and shaped like a horse's hoof; some curled inward, others extended outward. At this time, a large number of decoration styles appeared.

New changes also occurred in interior decoration during the Song Dynasty. Generally, a chair was placed in front of the screen in the hall, with four chairs on each side. Sometimes, only two round stools were put in front of the screen for guests sitting face to face. Furniture arrangements in the study and bedroom, however, usually used asymmetrical styles with no fixed rule.

After the Southern Song Dynasty was destroyed by the Yuan, industry and commerce continued to develop despite repeated disasters in agriculture. Overseas trade was more prosperous than before. Although the furniture mostly followed the Song Dynasty tradition, many new developments appeared, too, such as the use of the *'luowo'* jamb, *'bawang'* jamb, and high girdle in manufacture. The structures tended to become more rational and laid a foundation for the further development of Ming and Qing Dynasty furniture.

圖3-1　宋・長方案、圈椅、石案　（宋）牟益《搗
衣圖》，郎紹君等主編《中國書畫鑒賞辭典》。

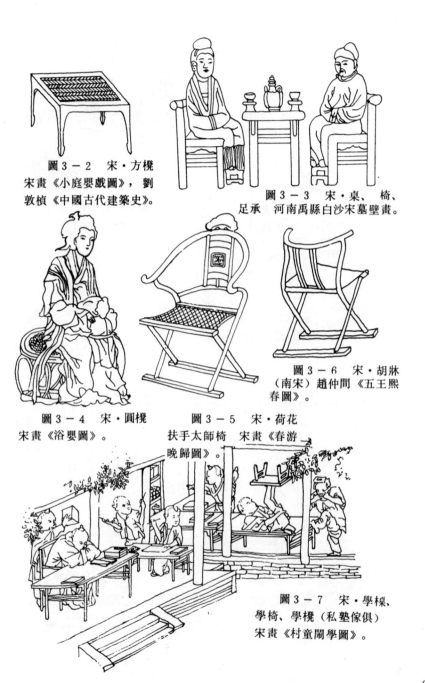

圖 3－2　宋・方櫈
宋畫《小庭嬰戲圖》，劉
敦楨《中國古代建築史》。

圖 3－3　宋・桌、椅、
足承　河南禹縣白沙宋墓壁畫。

圖 3－6　宋・胡牀
（南宋）趙仲間《五王熙
春圖》。

圖 3－4　宋・圓櫈
宋畫《浴嬰圖》。

圖 3－5　宋・荷花
扶手太師椅　宋畫《春游
晚歸圖》。

圖 3－7　宋・學棹、
學椅、學櫈（私塾傢俱）
宋畫《村童鬧學圖》。

81

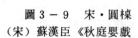

圖３－９ 宋·圓橙
（宋）蘇漢臣《秋庭嬰戲
圖》。

圖３－８ 宋·香案、
琴几、石橙 （宋）趙佶
《听琴圖軸》。

圖３－１０
宋·箱（
宋）牟益《搗
衣圖》，郎紹
君等主編《中
國書畫鑒賞辭
典》。

圖３－１１ 宋·屏風、牀榻 （宋）牟益《搗衣
圖》，郎紹君等主編《中國書畫鑒賞辭典》。

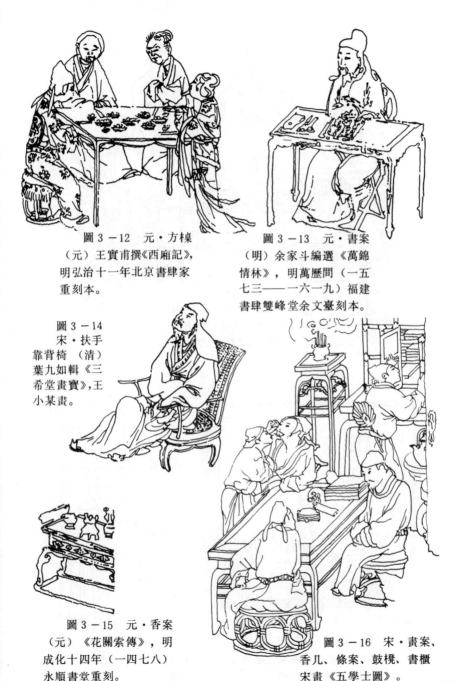

圖3-12　元・方棹
（元）王實甫撰《西廂記》，
明弘治十一年北京書肆家
重刻本。

圖3-13　元・書案
（明）余家斗編選《萬錦
情林》，明萬歷間（一五
七三――一六一九）福建
書肆雙峰堂余文臺刻本。

圖3-14
宋・扶手
靠背椅 （清）
葉九如輯《三
希堂畫寶》，王
小某畫。

圖3-15　元・香案
（元）《花關索傳》，明
成化十四年（一四七八）
永順書堂重刻。

圖3-16　宋・畫案、
香几、條案、鼓櫈、書櫃
宋畫《五學士圖》。

83

圖3-17 宋·榻、
長方案、圓墩、扶手椅、
方櫈 宋畫《十八學士圖》。

圖3-18 宋·屏風、
牀榻、憑几、檈案、足承
宋畫《羲之寫照圖》。

圖3-19 宋·檈案、
屉櫥 河南白沙二號宋墓
壁畫。

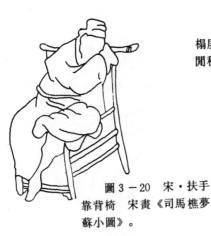

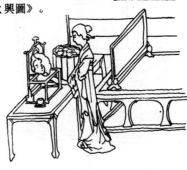

圖3－21　宋・條案、榻屏、榻、鏡檯　宋畫《半閒秋興圖》。

圖3－20　宋・扶手靠背椅　宋畫《司馬樵夢蘇小圖》。

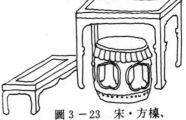

圖3－23　宋・方橙、條凳、圓墩　宋畫《戲猫圖》。

圖3－22　宋・書案、扶手椅　宋畫《孟母教子圖》。

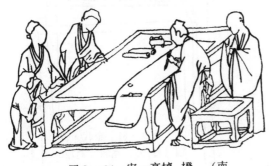

圖3－24　宋・高橙、橙　（南宋）馬遠《西園雅集》。

圖3－25　宋・鏡檯河南白沙宋墓出土。

85

圖 3 － 26　宋・扶手
禪椅（日本）　楊耀《明
式傢俱藝術》。

圖 3 － 27　宋・交椅、
條棹　宋畫《蕉陽擊球圖》。

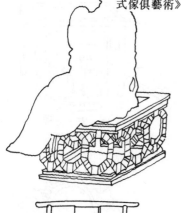

圖 3 － 28
宋・方墩
宋畫《梧桐清
暇圖》。

圖 3 － 29　宋・方墩
宋畫《梧桐清暇圖》。

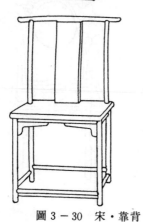

圖 3 － 30　宋・靠背
椅　河北鉅鹿出土。

圖 3 － 31　金代・供
棹（長795、寬530、高720
ｍ ｍ）陝西大同閻德墓出
土。

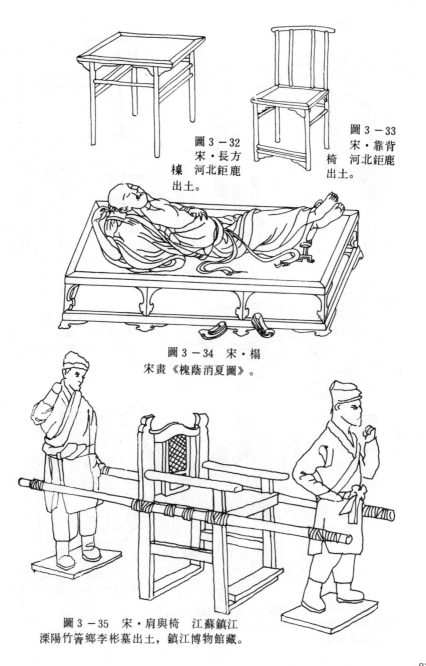

圖 3 － 32
宋‧長方
棜　河北鉅鹿
出土。

圖 3 － 33
宋‧靠背
椅　河北鉅鹿
出土。

圖 3 － 34　宋‧榻
宋畫《槐蔭消夏圖》。

圖 3 － 35　宋‧肩輿椅　江蘇鎮江
溧陽竹箐鄉李彬墓出土，鎮江博物館藏。

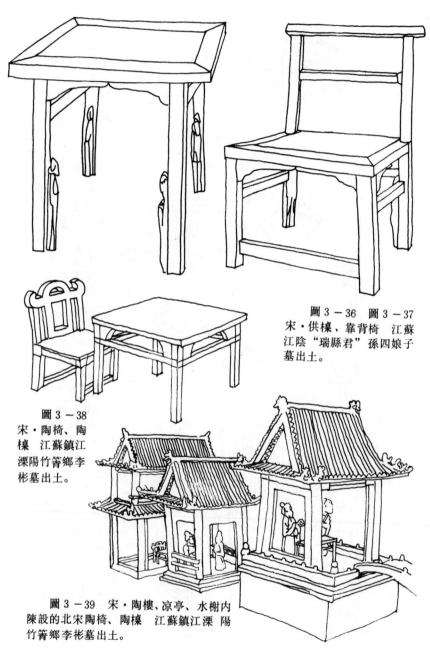

圖 3 - 36　圖 3 - 37
宋·供棹、靠背椅　江蘇
江陰"瑞縣君"孫四娘子
墓出土。

圖 3 - 38
宋·陶椅、陶
棹　江蘇鎮江
溧陽竹箐鄉李
彬墓出土。

圖 3 - 39　宋·陶樓、涼亭、水榭内
陳設的北宋陶椅、陶棹　江蘇鎮江溧陽
竹箐鄉李彬墓出土。

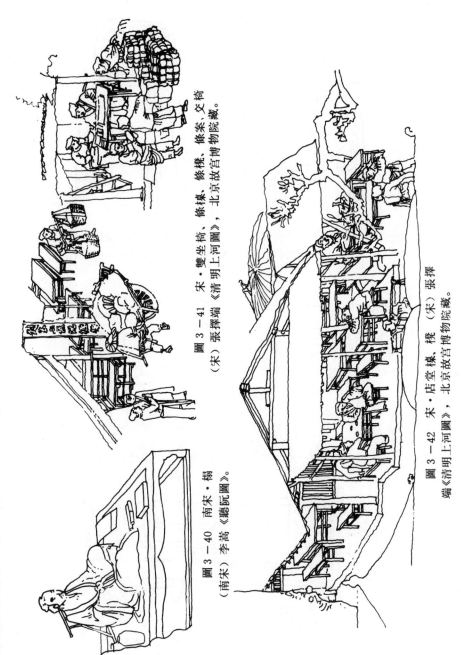

圖 3－41　宋・雙坐椅、條榻、條榙、條案、交椅
（宋）張擇端《清明上河圖》，北京故宮博物院藏。

圖 3－40　南末・榻
（南末）李嵩《聽阮圖》。

圖 3－42　宋・店堂榙、榙　（宋）張擇
端《清明上河圖》，北京故宮博物院藏。

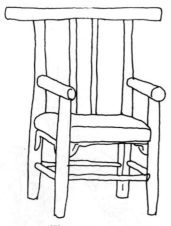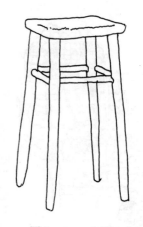

圖3－43　金代・扶
手椅　陝西大同閻德墓出
土。

圖3－44　金代・花
儿　陝西大同閻德墓出土。

圖3－45　金代・炕檯　陝西大同閻德墓出土。

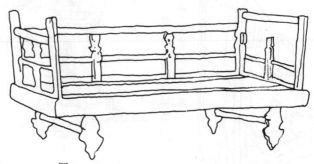

圖3－46　金代・孩牀　陝西大同閻德墓出土。

圖3－47 宋・榻、
扶手椅、榻、屏風 宋畫
《高會習琴圖》。

圖3－48 宋・摺屏、
藤墩 宋畫《十八學士圖》。

圖3－49 宋・方桌
陝西大同馮道真墓壁畫。

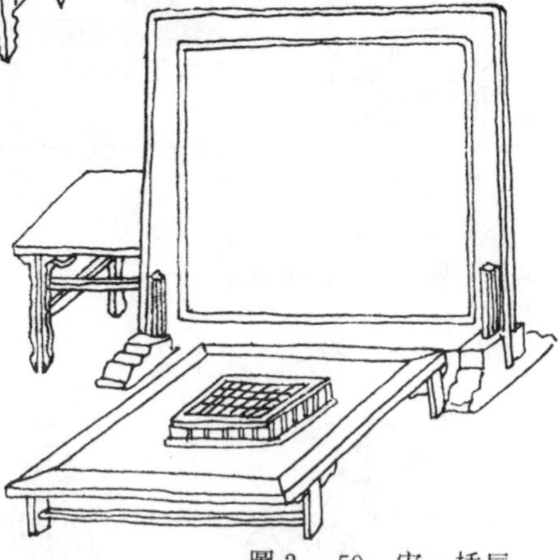

圖3－50 宋・插屏、
案、榻、碁盤 宋畫《高
僧觀碁圖》。

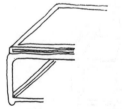

圖3－51 元・桌案
元畫《冬室晝禪》。

圖3－52 元・抽屜
桌 山西文水北裕口古墓
壁畫。

91

圖3-53　宋・曲足
盆架　河南白沙宋墓壁畫。

圖3-54　元・六足
盆架　陝西大同馮道真墓
壁畫。

圖3-55　宋・帶托
泥壺門榻、足承　（宋）
李公麟《維摩演教圖》，
北京故宮博物院藏。

圖3-56　元・羅漢牀　元刻本《事林廣記》插圖。

圖3－57　元·圈椅
（元）任仁發畫《張果見
明皇圖卷》。

圖3－58　元·竹背
扶手椅　敦煌九五窟壁畫，
長眉羅漢。

圖3－59　元·榻、槕、屏風、足承　（元）
劉貫道畫《消夏圖卷》(部分）。

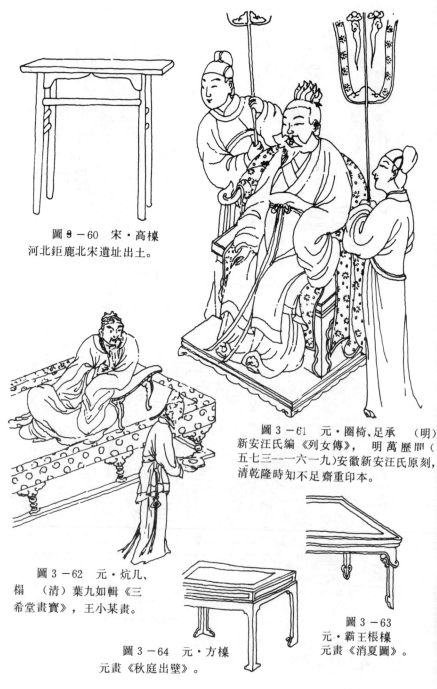

圖3－60　宋・高棹
河北鉅鹿北宋遺址出土。

圖3－61　元・圈椅、足承　（明）
新安汪氏編《列女傳》，明萬歷閒（
五七三－－一六一九）安徽新安汪氏原刻，
清乾隆時知不足齋重印本。

圖3－62　元・炕几、
榻　（清）葉九如輯《三
希堂畫寶》，王小某畫。

圖3－64　元・方棹
元畫《秋庭出壁》。

圖3－63
元・霸王棖棹
元畫《消夏圖》。

圖3－65　元・翹頭案、扶手椅　（清）葉九
如輯《三希堂畫寶》，王小某畫。

圖3－66　元・竹靠
背椅　（清）葉九如輯《三
希堂畫寶》，吳有如畫。

圖3－67　元・長條
案　（明）劉兌撰《嬌紅
記》，明宣德十年（一四
三五）金陵積德堂刻本。

圖3－68　元·榻、足承　（清）葉九如輯《三希堂畫寶》，何明卿畫。

圖3－69　元·條案、腰鼓橙、屏風　（元）王實甫撰《西廂記》，明萬歷間（一五七三——一六一九）金陵書肆喬山堂劉龍田刻本。

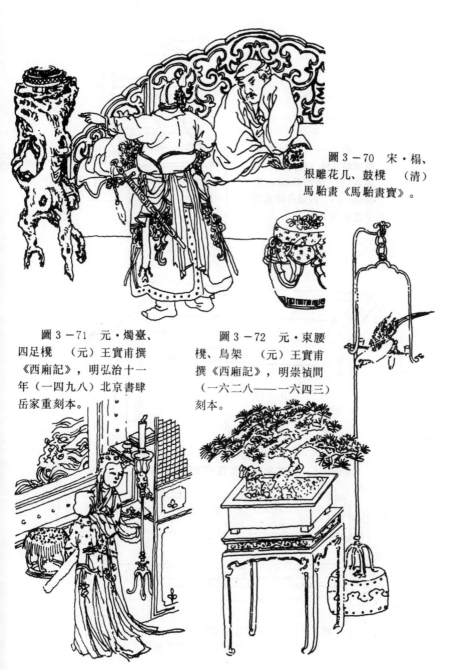

圖3-70 宋・榻、
根雕花几、鼓櫈　（清）
馬駘畫《馬駘畫寶》。

圖3-71　元・燭臺、
四足櫈　（元）王實甫撰
《西廂記》，明弘治十一
年（一四九八）北京書肆
岳家重刻本。

圖3-72　元・束腰
櫈、鳥架　（元）王實甫
撰《西廂記》，明崇禎間
（一六二八——一六四三）
刻本。

圖 3 −73　遼・桃形沿面雕木椅（通高500、座面高220、椅面長335、寬365ｍｍ）　內蒙古解放營子遼墓出土。

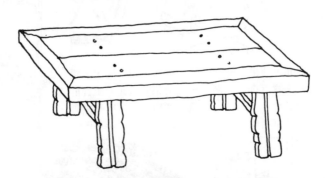

圖 3 −74　遼・雲板足木桌（高228、面寬320、長680ｍｍ）　內蒙古解放 營子遼墓出土。

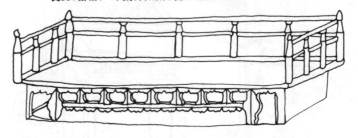

圖 3 −75　遼・桃形沿面雕木牀（通高720,寬1120 、長2370ｍｍ）　內蒙古解放營子遼墓出土 。

明代時期的家具

公元1368年明太祖朱元璋建立了統治政權後,政治上的穩定,使社會經濟、海外貿易得到空前的恢復與發展。與各國經濟、文化的交流頻繁,加上東南亞一帶珍貴木材的引進,宮苑、民居、園林等建築的大肆興建以及指導木作工程技術發展的科技書籍如《魯班經》、《髹飾錄》、《遵生八箋》、《三才圖會》等專著的出現,促進和推動了明代傢具的發展達到前所未有的高峰。其造型藝術、製作技術、功能尺度等方面的成就,都形成了別具一格的特色。在世界傢具體系中,佔有着重要的地位。

明代傢具無論是通過現存實物,還是根據當時的繪畫或傳奇木刻,均可發現其品種、式樣都是極其豐富多采的。從使用性質上可形成机椅、几案、櫥櫃、床榻、台架、座屏六大類。此外,成套傢具的概念也已形成,出現了以建築空間功能劃分的廳堂、臥室、書齋等配套傢具。布置方法,通常多以對稱形式,如一桌設兩椅或四凳爲一組。陳設也有根據房間面積大小和使用要求採取均衡布列、靈活設置的。

由於大量運用具有質地堅硬、強度高、色澤和紋理均優美等特點的木材,使明代傢具在製作上產生了極其精密科學的榫卯結構,構件斷面小而強度大,形廓雖簡潔但能作細致的雕飾和線脚加工。由宋朝發展起來的框架結構到明代已進步到相當高度的工藝程度,結合造型款式上的創新及輔助構件上的點綴雕飾,使明代傢具體現出一種簡朴素雕、秀麗端莊、韻度濃郁、剛柔相濟的獨特風格。

4. Furniture of the Ming Dynasty

In 1368, Zhu Yuanzhang established the Ming Dynasty. Due to the stable political situation, social economy and overseas trade attained an unprecedented resurgence and development. With frequent economic and cultural exchange with foreign countries, and imports of precious timber from southeast Asia, a large number of palaces, residential buildings, and gardens were built on an unbridled scale. Meanwhile, many scientific and technical books on cabinet-making came into being, such as *'Lu Ban Jing,'* *'Xiu Shi Lu'* (Decoration Record), *'Zun Sheng Ba Jian* (The Eight Letters of Zun Sheng), and *San Cai Tu Hui* (Pictorial Collection of Three Talents). All of this helped the development of Ming furniture to reach an unparalleled level. The achievements of its modeling art, manufacturing techniques, and functional standards took on a distinctive style and gained important place among the furniture of the world.

We can see from either existing Ming furniture or the paintings and woodcuts of that time that the furniture of the Ming Dynasty was rich in varieties and styles. It can be divided by function into six categories: stools and chairs; tables and desks; cabinets and chests; beds and couches; platforms and racks; and screens. At this time, the concept of furniture sets was formed, and complete sets of furniture appeared in hall, bedroom, and study, divided by the function of each space. They were usually arranged symmetrically, for instance one table with two chairs or four stools. Sometimes furniture was arranged freely in accordance with the size of the room and requirements of use.

The timber used in Ming Dynasty furniture was of tough quality, high strength, beautiful color and fine grain. This contributed to the production of extremely precise, scientific tenon structures. The parts were small but of high strength; the shape was simple but could be carved and processed ornately. The frame structure developed in the Song Dynasty advanced to quite a high artistic level in the Ming Dynasty, and this structure, combined with creative new styles and ornaments on the accessory parts, gave Ming furniture a pure and simple, but elegant and delicate style, unique in its complementary use of the hard and the soft.

圖4－1　明・檐頂架子牀、平頭案、足承、
木圓盆、小橙　（明）方汝潔撰《禪真逸史》明天
啟間（一六二一——一六二七）刻本。

圖4－2　明・交杌
（皮）　楊耀《明式傢俱
藝術》。

圖4－3　明・交杌
（繩）　楊耀《明式傢俱
藝術》。

圖4－4　明・方杌
楊耀《明式傢俱藝術》。

圖4－5　明・雙套
環卡子花方杌（長505、寬
504、高465mm）　中央
工藝美術學院藏。

圖4－6　明・羅鍋
棖方杌　楊耀《明式傢俱
藝術》。

圖4－7　明・梅花
墩　楊耀《明式傢俱藝術》。

圖4－8　明・單套
卡子花方杌　楊耀《明式
傢俱藝術》。

圖4－9　明・羅鍋
棖長方杌　楊耀《明式傢
俱藝術》。

圖4－10　明・瓜墩
楊耀《明式傢俱藝術》。

圖4－11　明・方杌
楊耀《明式傢俱藝術》。

圖4－12　明・矮老
牙花方杌　楊耀《明式傢
俱藝術》。

圖4－13　明・束腰
梅花帶托泥圓墩　楊耀
《明式傢俱藝術》。

圖4-14　明・束腰
馬蹄足机檈　王世襄《淺
談明式傢俱》。

圖4-15　明・方檈
楊耀《明式傢俱藝術》。

圖4-18　明・馬蹄
足方檈　濮國安《姑蘇園
林傢俱初析》。

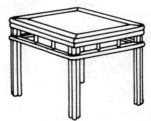

圖4-16　明・羅鍋
棖加矮老方檈　楊耀《明
式傢俱藝術》。

圖4-17　明・帶牙
頭條檈　楊耀《明式傢俱
藝術》。

圖4-19　明・束腰
外翻馬蹄足方檈　楊耀
《明式傢俱藝術》。

圖4-20　明・帶牙
頭羅鍋棖條檈　楊耀《明
式傢俱藝術》。

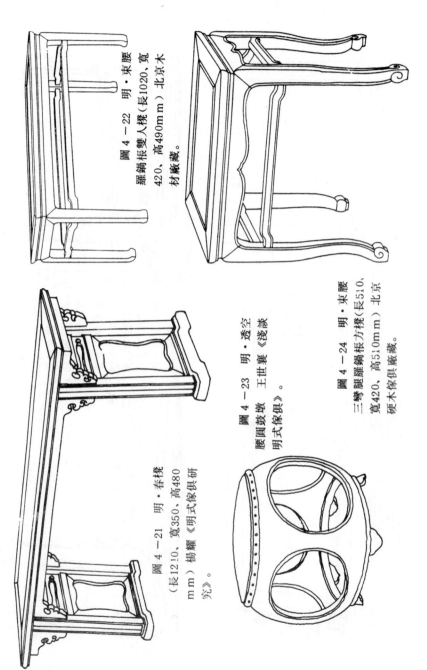

圖4－22　明・束腰
羅鍋棖雙人櫈（長1020、寬
420、高490ｍｍ）北京木
材廠藏。

圖4－23　明・透空
腰圓鼓墩　王世襄《淺談
明式傢俱》。

圖4－24　明・束腰
三彎腿羅鍋棖方櫈（長510、
寬420、高510ｍｍ）北京
硬木傢俱廠藏。

圖4－21　明・春櫈
（長1210、寬350、高480
ｍｍ）楊耀《明式傢俱研
究》。

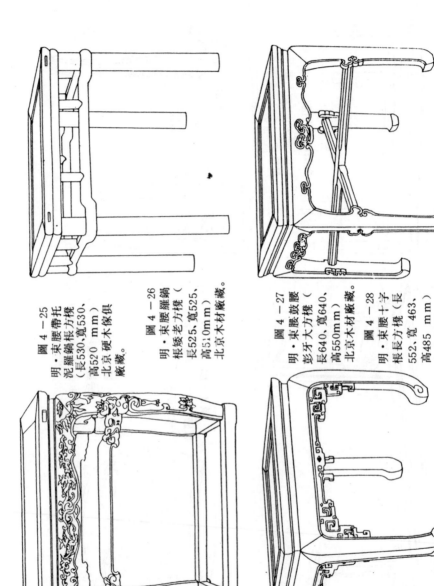

圖 4-25
明·束腰帶托
泥羅鍋棖方杌
（長530、寬530、
高520 mm）
北京硬木傢俱
廠藏。

圖 4-26
明·束腰羅鍋
棖矮老方櫈（
長525、寬525、
高510mm）
北京木材廠藏。

圖 4-27
明·束腰鼓腰
彭牙大方櫈（
長640、寬640、
高550mm）
北京木材廠藏。

圖 4-28
明·束腰十字
棖長方杌（長
552、寬 463、
高485 mm）
費伯良藏。

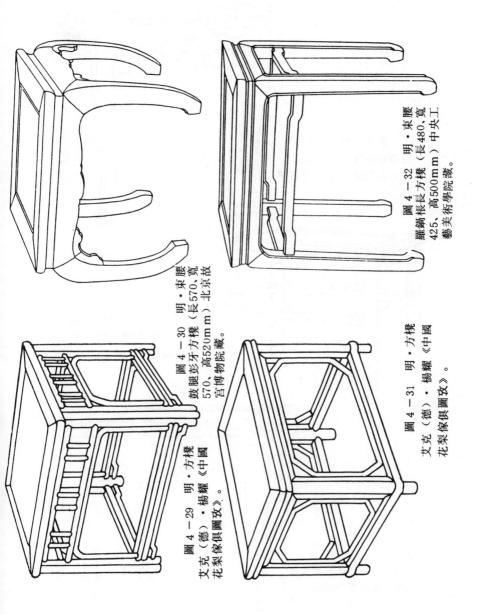

圖 4－30　明・束腰
鼓腿彭牙方櫈（長570、寬
570、高520ｍ）北京故
宮博物院藏。

圖 4－32　明・束腰
羅鍋棖長方櫈（長480、寬
425、高500ｍｍ）中央工
藝美術學院藏。

圖 4－29　明・方櫈
艾克（德）・楊耀《中國
花梨傢俱圖攷》。

圖 4－31　明・方櫈
艾克（德）・楊耀《中國
花梨傢俱圖攷》。

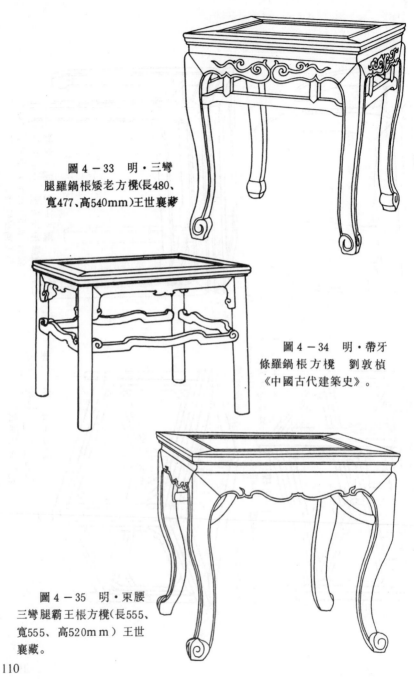

圖 4－33　明·三彎
腿羅鍋根矮老方櫈(長480、
寬477、高540mm)王世襄藏

圖 4－34　明·帶牙
條羅鍋根方櫈　劉敦楨
《中國古代建築史》。

圖 4－35　明·束腰
三彎腿霸王根方櫈(長555、
寬555、高520mm）王世
襄藏。

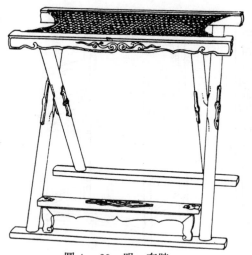

圖4－36　明・有踏
牀交杌（面支平長557、寬
414、高495mm）王世襄
藏。

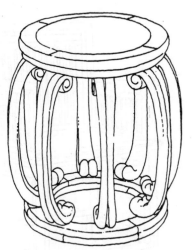

圖4－37　明・八足
圓橙（面徑380、腹徑450、
高490mm）　北京硬木傢
俱廠藏。

圖4－38　明・梳背
扶手椅　胡文彥《中國歷
代傢俱》。

圖4－39　明・帶托
泥四足梅花橙　北京故宮
博物院藏。

圖4－40 明・梳背
玫瑰扶手椅 胡文彥《中
國歷代傢俱》。

圖4－41 明・玫瑰
扶手椅 王世襄《中國傳
統傢俱的黃金時代》。

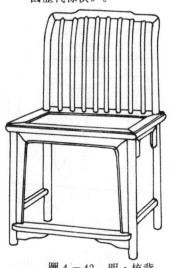

圖4－42 明・梳背
椅 陳增弼《明式傢俱類
型及其特徵》。

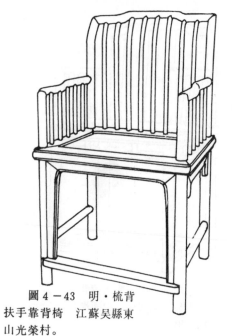

圖4－43 明・梳背
扶手靠背椅 江蘇吳縣東
山光榮村。

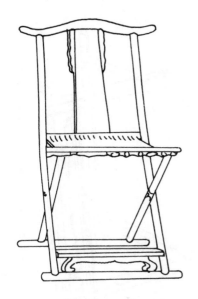

圖 4 － 44　明・交椅
楊耀《明式傢俱藝術》。

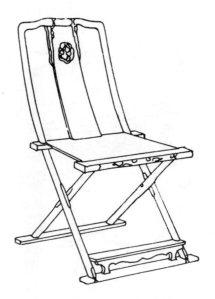

圖 4 － 45　明・交椅
楊耀《明式傢俱藝術》。

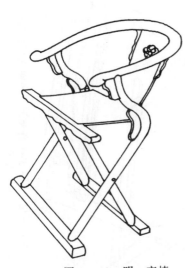

圖 4 － 46　明・交椅
楊耀《明式傢俱藝術》。

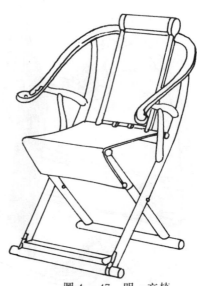

圖 4 － 47　明・交椅
楊耀《明式傢俱藝術》。

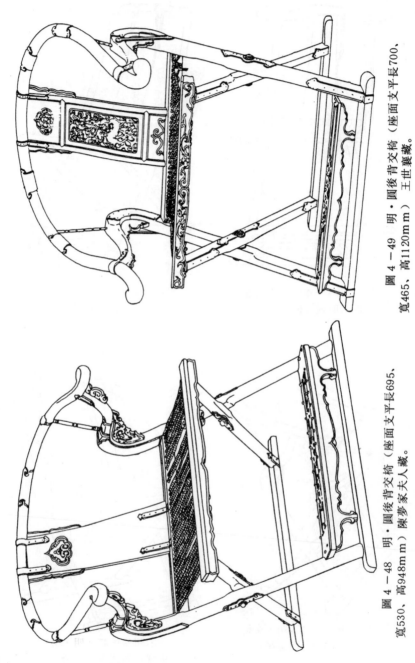

圖 4－49　明・圓後背交椅（座面支平長700、
寬465、高1120mm）王世襄藏。

圖 4－48　明・圓後背交椅（座面支平長695、
寬530、高948mm）陳夢家夫人藏。

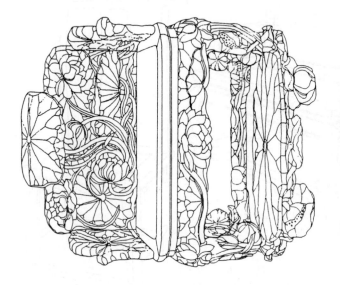

圖 4－51　明・束腰帶托泥寶座（座
面長980、寬780、通高1090mm）北京故
宮博物院藏。

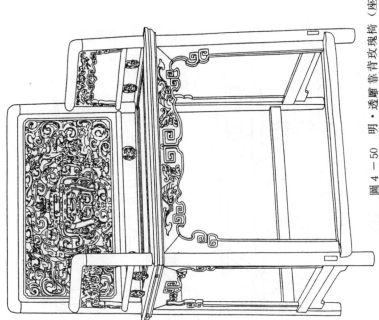

圖 4－50　明・透雕靠背玫瑰椅（座
面610、寬460、通高870mm）中央工藝美
術學院藏。

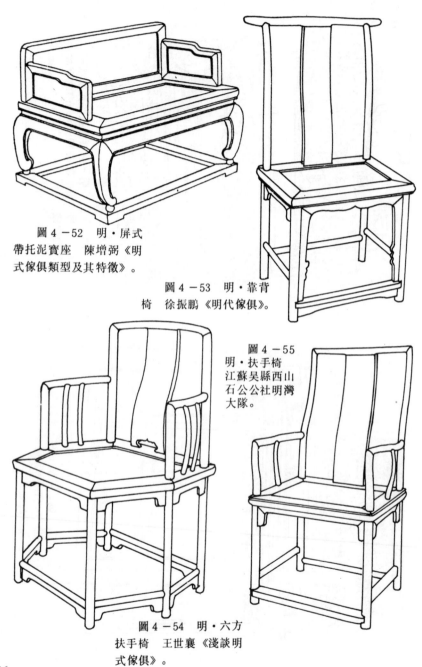

圖4－52 明・屏式
帶托泥寶座 陳增弼《明
式傢俱類型及其特徵》。

圖4－53 明・靠背
椅 徐振鵬《明代傢俱》。

圖4－55
明・扶手椅
江蘇吳縣西山
石公公社明灣
大隊。

圖4－54 明・六方
扶手椅 王世襄《淺談明
式傢俱》。

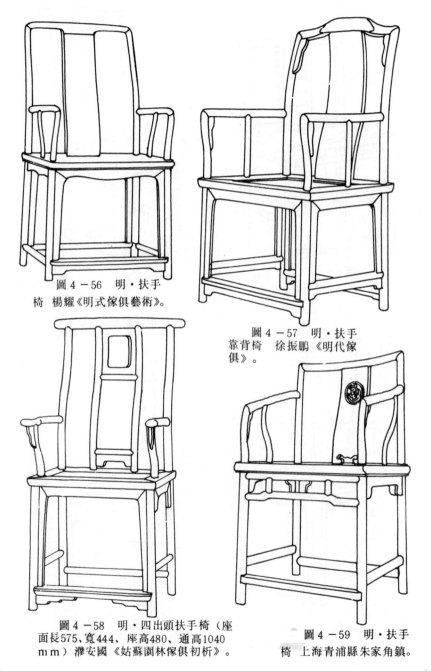

圖4－56　明‧扶手
椅　楊耀《明式傢俱藝術》。

圖4－57　明‧扶手
靠背椅　徐振鵬《明代傢
俱》。

圖4－58　明‧四出頭扶手椅（座
面長575、寬444、座高480、通高1040
ｍｍ）濮安國《姑蘇園林傢俱初析》。

圖4－59　明‧扶手
椅　上海青浦縣朱家角鎮。

圖4－60　明‧靠背
椅　楊耀《明式傢俱藝術》。

圖4－61　明‧官帽
椅　江蘇吳縣東山洞庭公
社。

圖4－62　明‧四出
頭官帽椅　徐振鵬《明代
傢俱》。

圖4－63　明‧燈掛
椅　楊耀《明式傢俱藝術》。

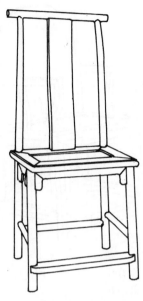

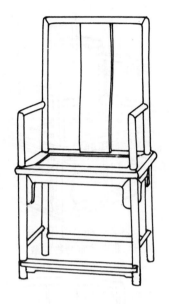

圖 4 -64　明・靠背
椅　江蘇吳縣東山光榮村。

圖 4 -65　明・扶手
椅　楊耀《明式傢俱藝術》。

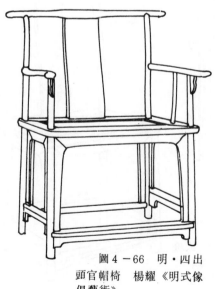

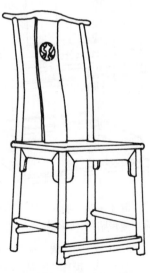

圖 4 -66　明・四出
頭官帽椅　楊耀《明式傢
俱藝術》。

圖 4 -67　明・燈掛
椅　楊耀《明式傢俱藝術》。

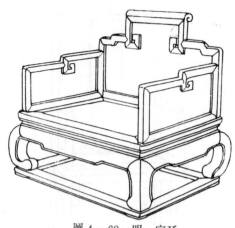

圖4－68　明・宮廷
寶座　北京故宮博物院藏。

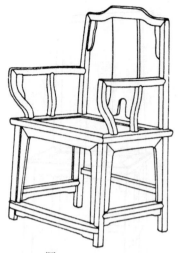

圖4－69　明・扶手
靠背椅　徐振鵬《明代傢
俱》。

圖4－70　明・扶手
椅　徐振鵬《明代傢俱》。

圖4－71　明・大燈
掛椅（座面長575、寬415、
通高1170mm）陳夢家夫
人藏。

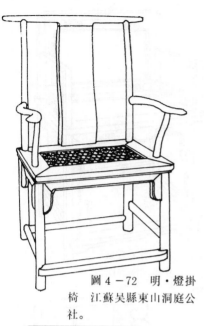

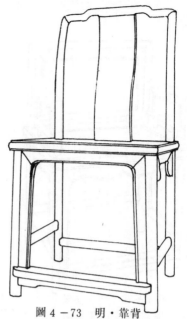

圖4－72　明・燈掛
椅　江蘇吳縣東山洞庭公
社。

圖4－73　明・靠背
椅　江蘇吳縣東山陸荟。

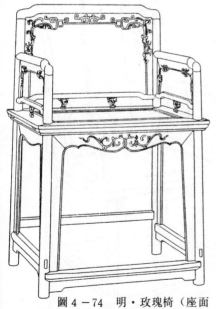

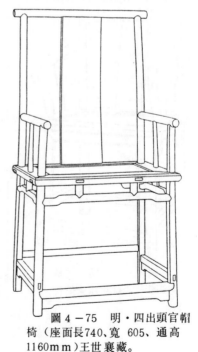

圖4－74　明・玫瑰椅（座面
長580、寬450、通高690ｍｍ）中央
工藝美術學院藏。

圖4－75　明・四出頭官帽
椅（座面長740、寬　605、通高
1160ｍｍ）王世襄藏。

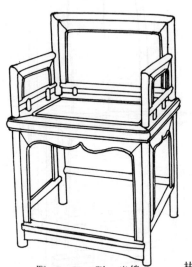

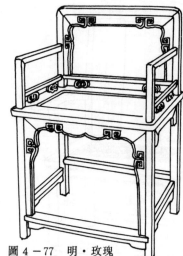

圖4－76　明・光線
壺門根玫瑰椅　濮安國
《姑蘇園林傢俱初析》。

圖4－77　明・玫瑰
扶手椅　王世襄《淺談明
式傢俱》。

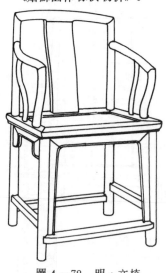

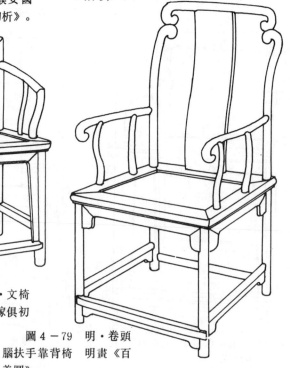

圖4－78　明・文椅
濮安國《姑蘇園林傢俱初
析》。

圖4－79　明・卷頭
腦扶手靠背椅　明畫《百
美圖》。

122

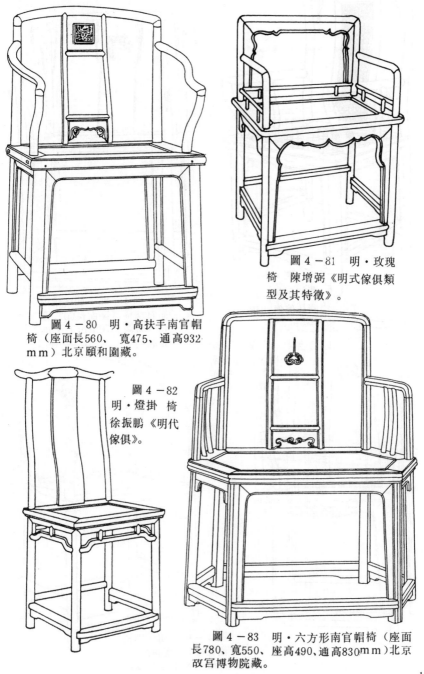

圖4－81　明·玫瑰
椅　陳增弼《明式傢俱類
型及其特徵》。

圖4－80　明·高扶手南官帽
椅（座面長560、　寬475、通高932
ｍｍ）北京頤和園藏。

圖4－82
明·燈掛椅
徐振鵬《明代
傢俱》。

圖4－83　明·六方形南官帽椅（座面
長780、寬550、座高490、通高830ｍｍ）北京
故宮博物院藏。

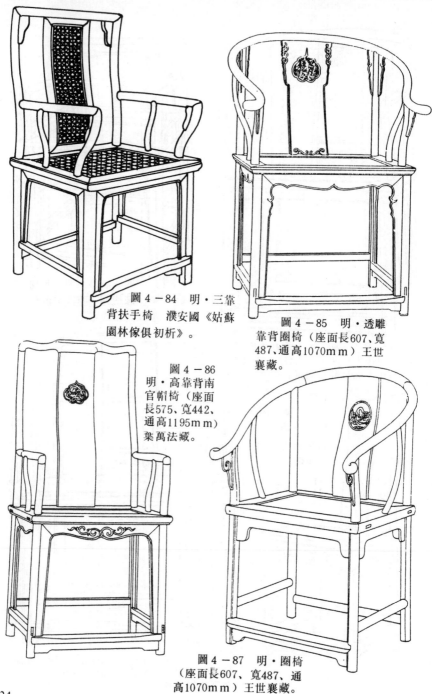

圖４－８４　明·三靠
背扶手椅　濮安國《姑蘇
園林傢俱初析》。

圖４－８５　明·透雕
靠背圈椅（座面長607、寬
487、通高1070ｍｍ）王世
襄藏。

圖４－８６
明·高靠背南
官帽椅（座面
長575、寬442、
通高1195ｍｍ）
榘萬法藏。

圖４－８７　明·圈椅
（座面長607、寬487、通
高1070ｍｍ）王世襄藏。

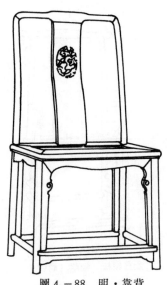

圖 4 − 88　明・靠背
椅 楊耀《明式傢俱藝術》。

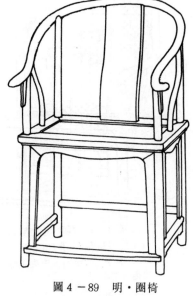

圖 4 − 89　明・圈椅
楊耀《明式傢俱藝術》。

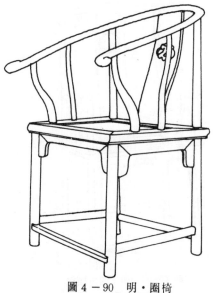

圖 4 − 90　明・圈椅
上海青浦縣朱家角鎮。

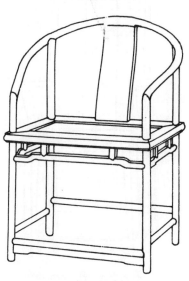

圖 4 − 91　明・圈椅
楊耀《明式傢俱藝術》。

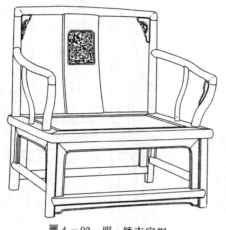

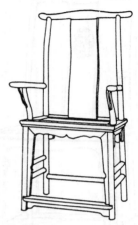

圖4－92　明·矮南官帽
椅（座面長710、寬580、座高
315、通高770ｍｍ）中央工藝
美術學院藏。

圖4－93　明·四出
頭官帽椅　楊耀《明式傢
俱藝術》。

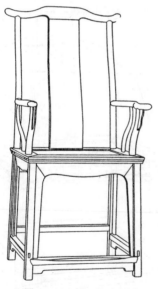

圖4－94　明·四出頭官
帽椅（座面長555、寬434、通高
1204ｍｍ）陳夢家夫人藏。

圖4－95　明·四出頭官
帽椅（座面長585、寬470、通高
1195ｍｍ）王世襄藏。

圖 4－96　明・四出
頭官帽椅　楊耀《明式傢
俱藝術》。

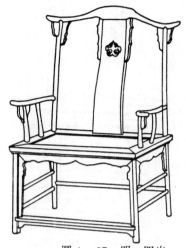

圖 4－97　明・四出
頭官帽椅　楊耀《明式傢
俱藝術》。

圖 4－98　明・矮靠
背南官帽椅（座面長590、
寬470、通高820mm）中
央工藝美術學院藏。

圖 4－99　明・靠背椅（座面
長510、寬440、通高950mm）　楊
耀《明式傢俱研究》。

圖 4－100 明・圈椅
（座面長620、寬490、通
高1020ｍｍ）楊耀《明式
傢俱藝術》。

圖 4－101 明・圈椅
江蘇吳縣同里鎮。

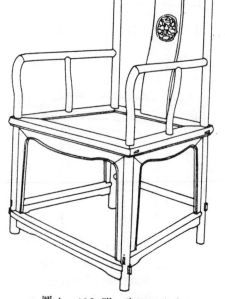

圖 4－102 明・四出
頭官帽椅　徐振鵬《明代
傢俱》。

圖 4－103 明・扇面形南官帽
椅（座面前寬　758、後寬610、深
605、通高1085ｍｍ）王世襄藏。

圖4－104 明・方几
（面長550、寬480、高840
ｍｍ）楊耀《明式傢俱藝
術》。

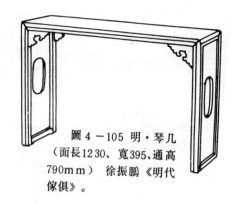

圖4－105 明・琴几
（面長1230、寬395、通高
790mm） 徐振鵬《明代
傢俱》。

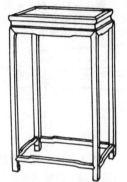

圖4－106 明・方几
楊耀《明式傢俱藝術》。

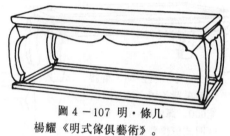

圖4－107 明・條几
楊耀《明式傢俱藝術》。

圖4－108 明・炕棹
楊耀《明式傢俱藝術》。

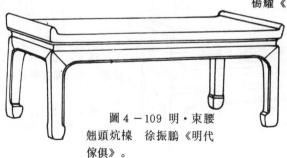

圖4－109 明・束腰
翹頭炕棹 徐振鵬《明代
傢俱》。

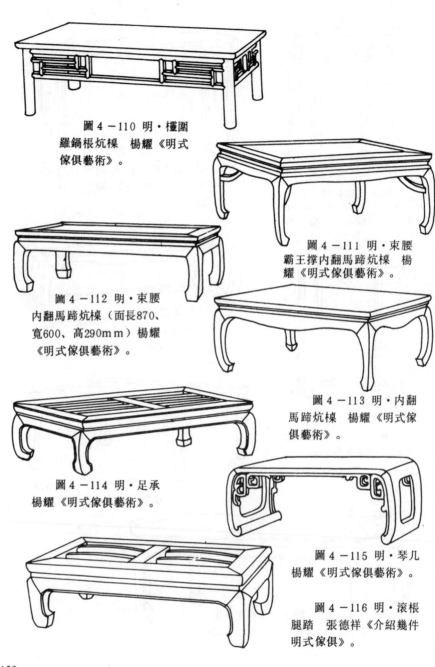

圖4－110　明・欄圍
羅鍋棖炕桌　楊耀《明式
傢俱藝術》。

圖4－111　明・束腰
霸王撐內翻馬蹄炕桌　楊
耀《明式傢俱藝術》。

圖4－112　明・束腰
內翻馬蹄炕桌（面長870、
寬600、高290mm）楊耀
《明式傢俱藝術》。

圖4－113　明・內翻
馬蹄炕桌　楊耀《明式傢
俱藝術》。

圖4－114　明・足承
楊耀《明式傢俱藝術》。

圖4－115　明・琴几
楊耀《明式傢俱藝術》。

圖4－116　明・滾棖
腿踏　張德祥《介紹幾件
明式傢俱》。

圖4－117 明・抽屜
桌 楊耀《明式傢俱藝術》。

圖4－118 明・抽屜
桌 楊耀《明式傢俱藝術》。

圖4－119 明・几
楊耀 《明式傢俱藝術》。

圖4－120 明・炕桌
楊耀《明式傢俱藝術》。

圖4－121 明・炕几
楊耀《明式傢俱藝術》。

圖4－122 明・几
明畫《百美圖》。

圖4－123 明・足承
楊耀《明式傢俱藝術》。

圖4－124 明・足承
楊耀《明式傢俱藝術》。

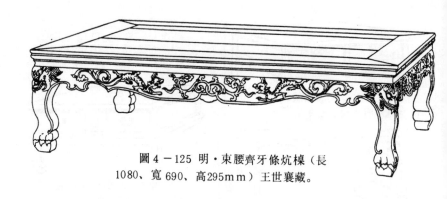

圖 4－125 明·束腰齊牙條炕槕（長
1080、寬 690、高295mm）王世襄藏。

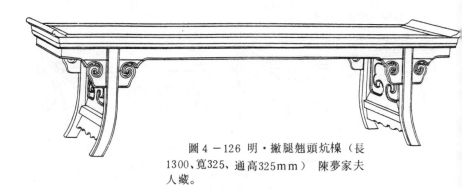

圖 4－126 明·撇腿翹頭炕槕（長
1300、寬325、通高325mm） 陳夢家夫
人藏。

圖 4－127 明·束腰鼓腿鼓牙炕
槕（長840、寬520、高290mm）北京
故宮博物院藏。

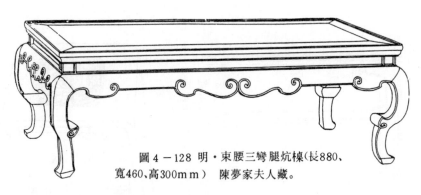

圖４－１２８　明・束腰三彎腿炕槕（長880、寬460、高300ｍｍ）　陳夢家夫人藏。

圖４－１２９　明・高束腰雕花炕槕（長1050、寬725、高275ｍｍ）北京木材廠藏。

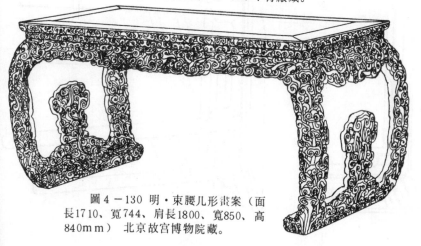

圖４－１３０　明・束腰几形畫案（面長1710、寬744、肩長1800、寬850、高840ｍｍ）　北京故宮博物院藏。

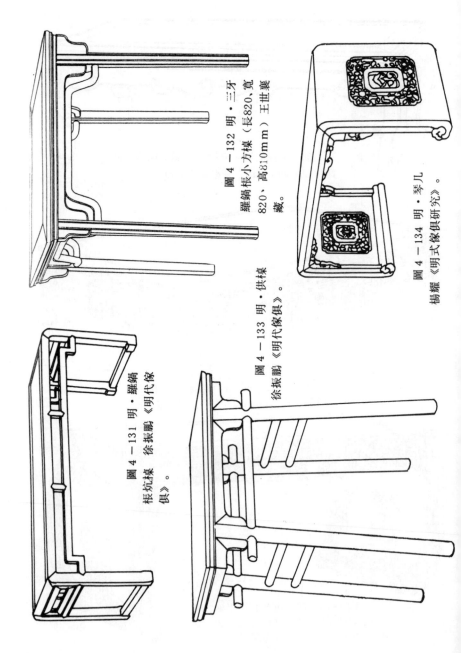

圖 4－132 明・三牙
羅鍋根小方棹（長820，寬
820，高810m m）王世襄
藏。

圖 4－134 明・琴几
楊耀《明式傢俱研究》。

圖 4－133 明・供棹
徐振鵬《明代傢俱》。

圖 4－131 明・羅鍋
根炕棹 徐振鵬《明代傢
俱》。

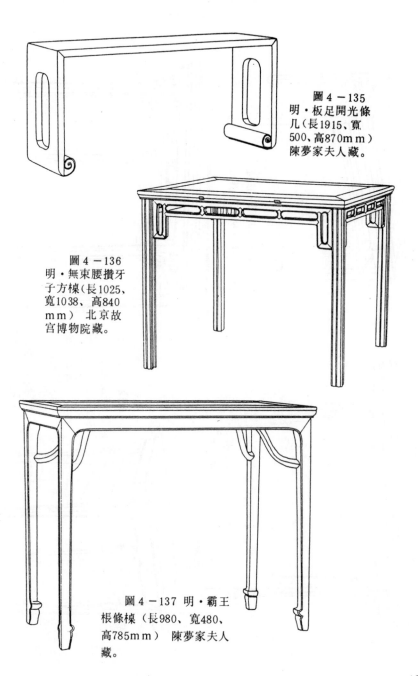

圖4－135
明・板足開光條
几（長1915、寬
500、高870ｍｍ）
陳夢家夫人藏。

圖4－136
明・無束腰攢牙
子方棹（長1025、
寬1038、高840
ｍｍ） 北京故
宮博物院藏。

圖4－137 明・霸王
棖條棹（長980、寬480、
高785ｍｍ） 陳夢家夫人
藏。

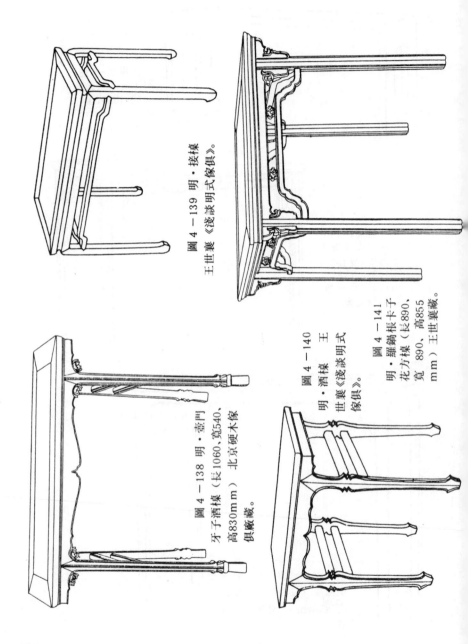

圖4−139 明‧接桌
王世襄《談談明式傢俱》。

圖4−138 明‧壺門
牙子酒桌（長1060、寬540、高830mm）北京硬木傢俱廠藏。

圖4−140 王世襄《談談明式傢俱》。
明‧酒桌

圖4−141 明‧羅鍋棖加卡子花方桌（長890、寬890、高855mm）王世襄藏。

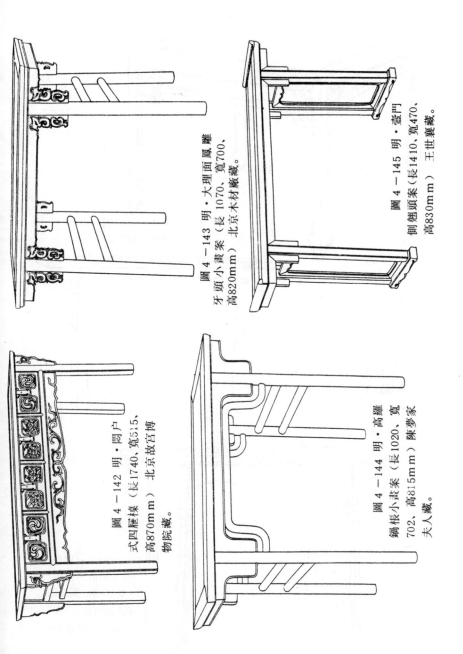

圖4－143 明・大理面鳳雕牙頭小畫案（長1070，寬700，高820mm）北京木材廠藏。

圖4－145 明・臺門側翹頭案（長1410，寬470，高830mm）王世襄藏。

圖4－142 明・悶戶式四屜櫃（長1740，寬515，高870mm）北京故宮博物院藏。

圖4－144 明・高羅鍋根小畫案（長1020，寬702，高815mm）陳夢家夫人藏。

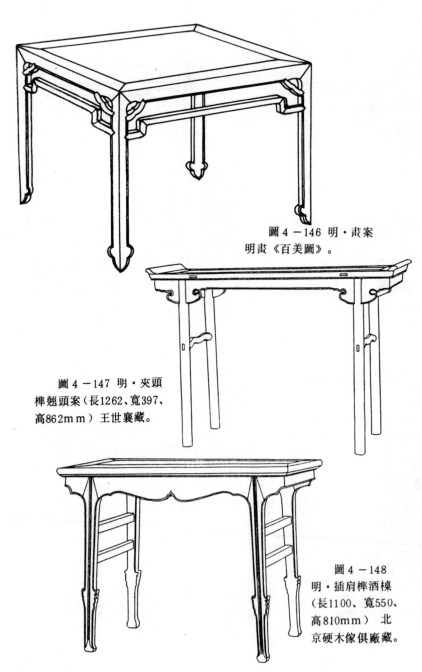

圖 4 - 146 明 · 畫案
明畫《百美圖》。

圖 4 - 147 明 · 夾頭
榫翹頭案（長1262、寬397、
高862mm）王世襄藏。

圖 4 - 148
明 · 插肩榫酒槕
（長1100、寬550、
高810mm） 北
京硬木傢俱廠藏。

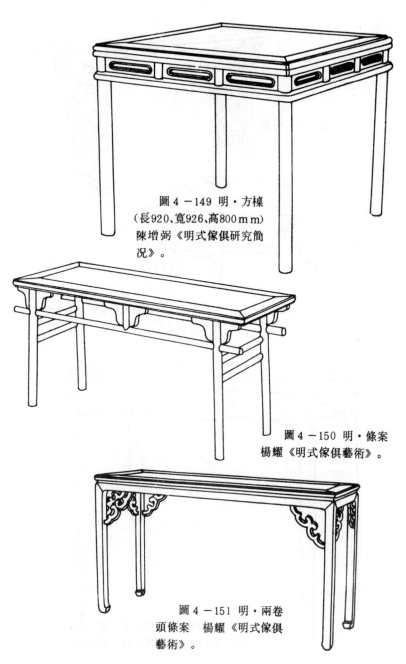

圖4－149 明・方棹
（長920、寬926、高800ｍｍ）
陳增弼《明式傢俱研究簡
況》。

圖4－150 明・條案
楊耀《明式傢俱藝術》。

圖4－151 明・兩卷
頭條案　楊耀《明式傢俱
藝術》。

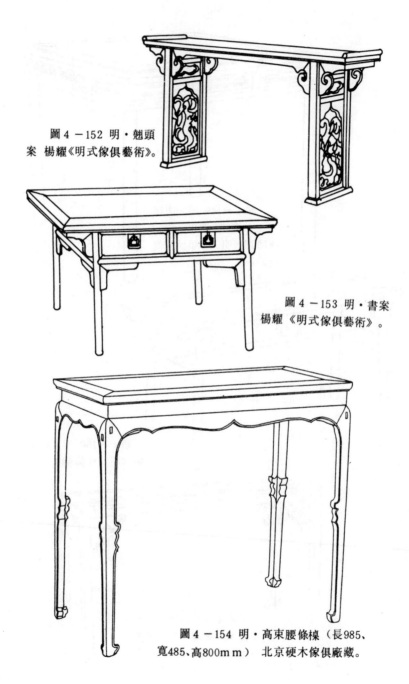

圖4－152 明‧翹頭
案 楊耀《明式傢俱藝術》。

圖4－153 明‧書案
楊耀《明式傢俱藝術》。

圖4－154 明‧高束腰條桌（長985、
寬485、高800m m） 北京硬木傢俱廠藏。

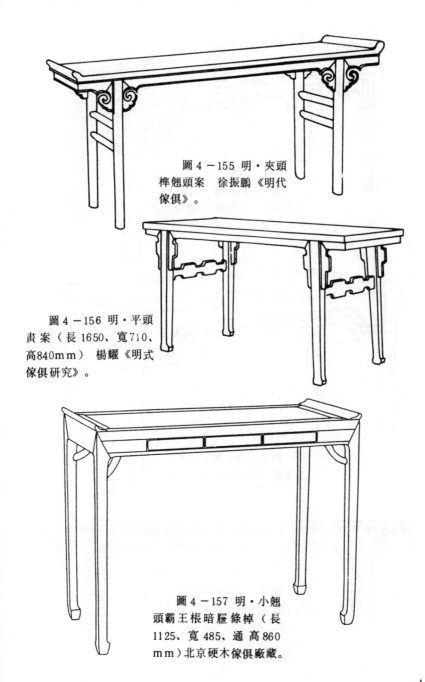

圖4－155 明·夾頭
榫翹頭案　徐振鵬《明代
傢俱》。

圖4－156 明·平頭
畫案（長1650、寬710、
高840mm）　楊耀《明式
傢俱研究》。

圖4－157 明·小翹
頭霸王棖暗屜條棹（長
1125、寬485、通高860
mm）北京硬木傢俱廠藏。

圖4－158 明·畫案
（長1660、寬620、高860
mm）楊耀《明式傢俱研
究》。

圖4－159 明·書案
徐振鵬《明代傢俱》。

圖4－160 明·對卷
綫雲紋大平頭案（長3500、
寬627、高930mm）王世
襄藏。

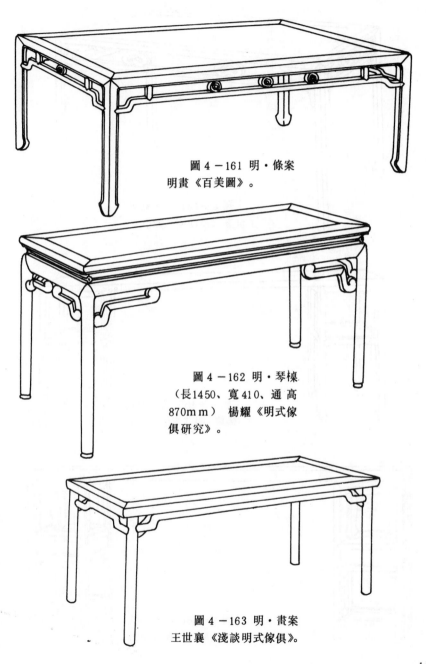

圖 4 −161 明・條案
明畫《百美圖》。

圖 4 −162 明・琴棹
（長1450、寬410、通高
870mm） 楊耀《明式傢
俱研究》。

圖 4 −163 明・畫案
王世襄《淺談明式傢俱》。

圖４－１６４　明・條案
王世襄《淺談明式傢俱》。

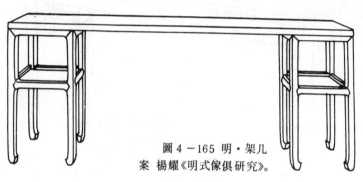

圖４－１６５　明・架几
案　楊耀《明式傢俱研究》。

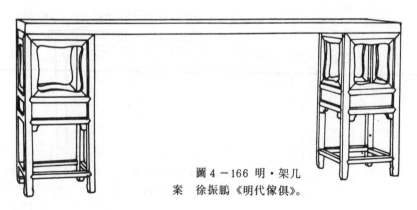

圖４－１６６　明・架几
案　徐振鵬《明代傢俱》。

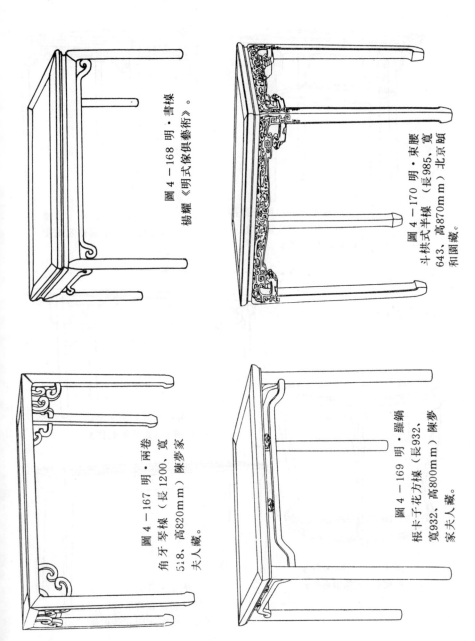

圖 4－168 明・書棹

楊耀《明式傢俱藝術》。

圖 4－170 明・束腰
斗栱式半棹（長985、寬
643、高870mm）北京頤
和園藏。

圖 4－167 明・兩卷
角牙琴棹（長1200、寬
518、高820mm）陳夢家
夫人藏。

圖 4－169 明・羅鍋
棖卡子花方棹（長932、
寬932、高800mm）陳夢
家夫人藏。

圖 4－171 明・帶擱
層小書桌　濮安國《姑蘇
園林傢俱初析》。

圖 4－172 明・方桌
濮安國《姑蘇園林傢俱初
析》。

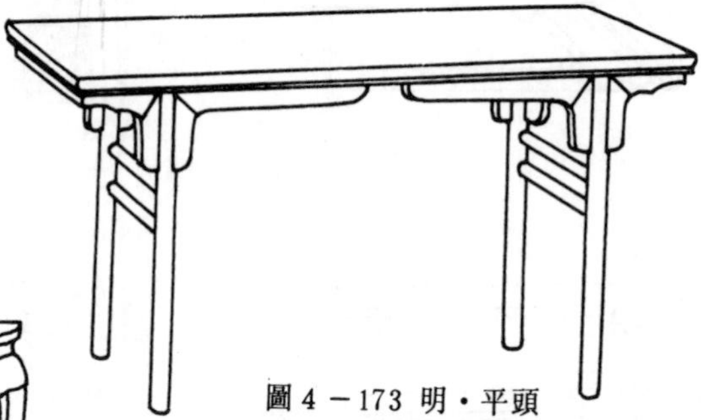

圖 4－173 明・平頭
案 楊耀《明式傢俱藝術》。

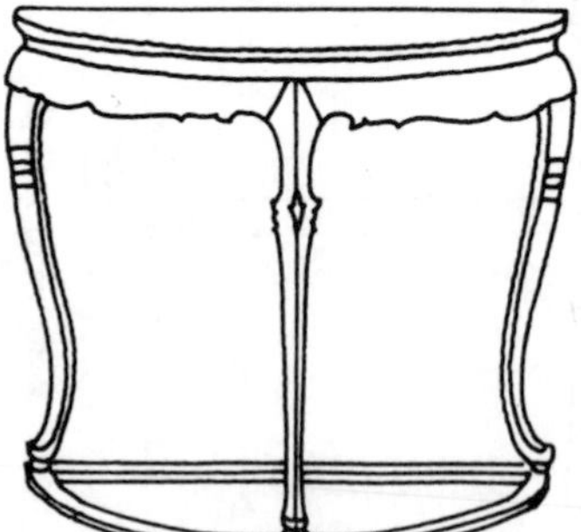

圖 4－174 明・月牙
桌　楊耀《明式傢俱藝術》。

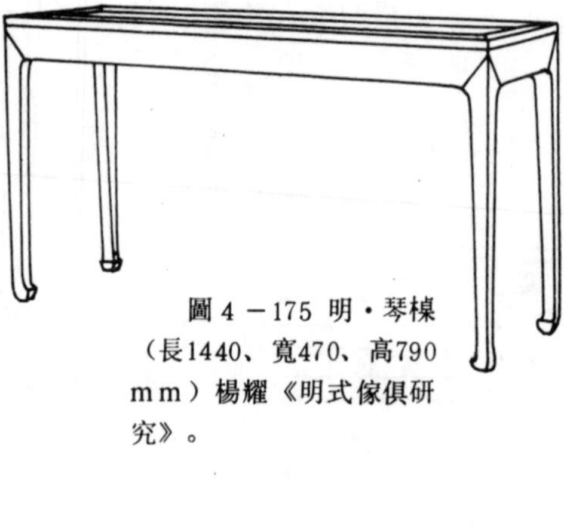

圖 4－175 明・琴桌
（長1440、寬470、高790
ｍｍ）楊耀《明式傢俱研
究》。

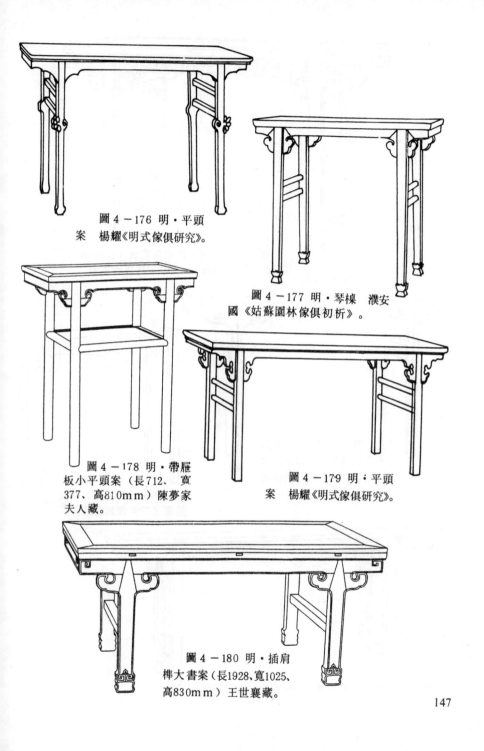

圖4－176 明・平頭
案 楊耀《明式傢俱研究》。

圖4－177 明・琴桌 濮安
國《姑蘇園林傢俱初析》。

圖4－178 明・帶雁
板小平頭案（長712、寬
377、高810mm）陳夢家
夫人藏。

圖4－179 明・平頭
案 楊耀《明式傢俱研究》。

圖4－180 明・插肩
榫大書案（長1928、寬1025、
高830mm）王世襄藏。

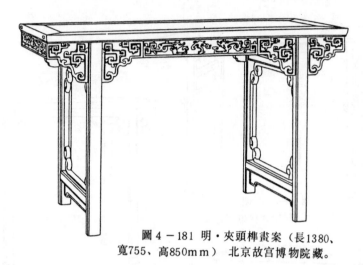

圖4－181 明・夾頭榫畫案（長1380、
寬755、高850mm） 北京故宮博物院藏。

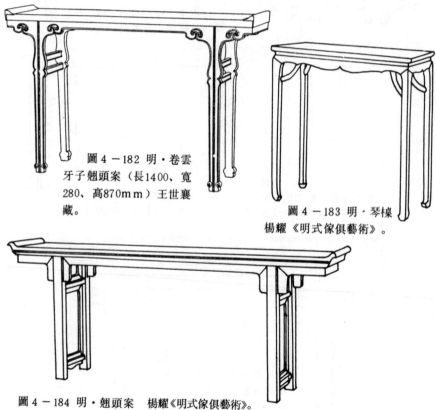

圖4－182 明・卷雲
牙子翹頭案（長1400、寬
280、高870mm）王世襄
藏。

圖4－183 明・琴棹
楊耀《明式傢俱藝術》。

圖4－184 明・翹頭案　楊耀《明式傢俱藝術》。

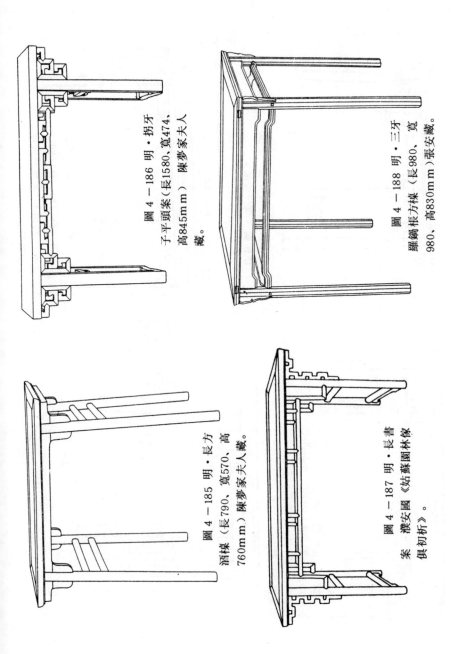

圖4-186 明・拐牙
子平頭案（長1580、寬474、
高845mm）陳夢家夫人
藏。

圖4-188 明・三牙
羅鍋棖方樣（長980、寬
980、高830mm）張安藏。

圖4-185 明・長方
酒樣（長790、寬570、高
760mm）陳夢家夫人藏。

圖4-187 明・長書
案 安國《姑蘇園林像
俱初析》。

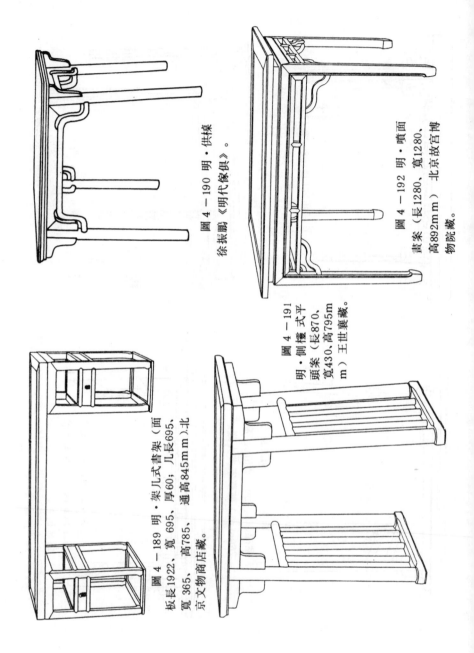

圖4－190 明・供桌
徐振鵬《明代傢俱》。

圖4－192 明・噴面
畫案（長1280、寬1280、
高892mm）北京故宮博
物院藏。

圖4－191
明・側樓・式平
頭案（長870、
寬430、高795m
m）王世襄藏。

圖4－189 明・架几式書架（面
板長1922、寬 695、厚60；几長695、
寬365、高785、通高845mm）北
京文物商店藏。

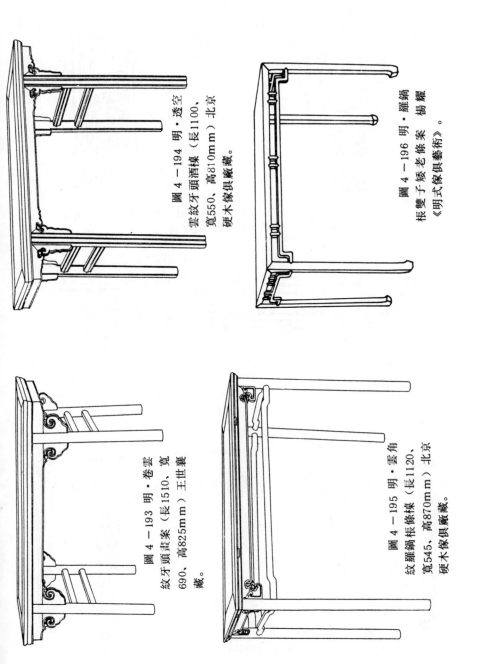

圖 4－194 明・透空
雲紋牙頭酒棹（長1100、
寬550、高810mm）北京
硬木傢俱廠藏。

圖 4－196 明・羅鍋
根雙子綫老條案 楊耀
《明式傢俱藝術》。

圖 4－193 明・卷雲
紋牙頭畫案（長1510、寬
690、高825mm）王世襄
藏。

圖 4－195 明・雲角
紋羅鍋根條棹（長1120、
寬545、高870mm）北京
硬木傢俱廠藏。

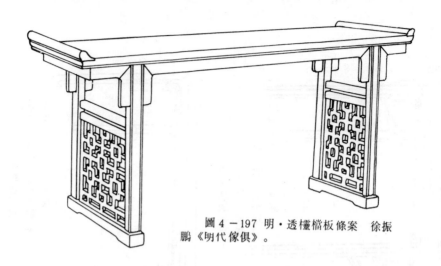

圖4－197　明・透欄檔板條案　徐振鵬《明代傢俱》。

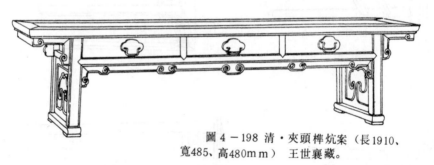

圖4－198　清・夾頭榫炕案（長1910、寬485、高480ｍｍ）　王世襄藏。

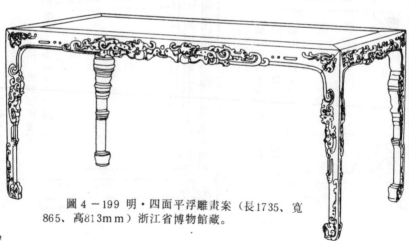

圖4－199　明・四面平浮雕畫案（長1735、寬865、高813ｍｍ）浙江省博物館藏。

圖 4－200 明・矮展腿式半槕（長
1040、寬642、高870mm）王世襄藏。

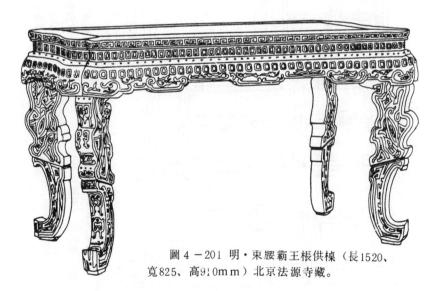

圖 4－201 明・束腰霸王根供槕（長1520、
寬825、高910mm）北京法源寺藏。

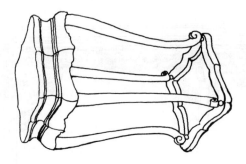

圖 4－204 明・撇腿
羊蹄花几 劉致平《中國
古代建築類型及結構》。

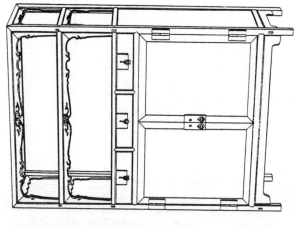

圖 4－203 明・壺門
亮格對開櫥（長1190、寬
500、高1170ｍｍ）北京
故宮博物院藏。

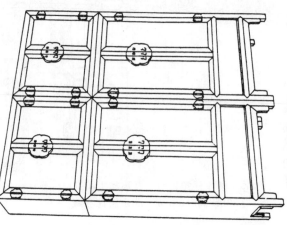

圖 4－202 明・四件
櫃 徐振鵬《明代傢俱》。

154

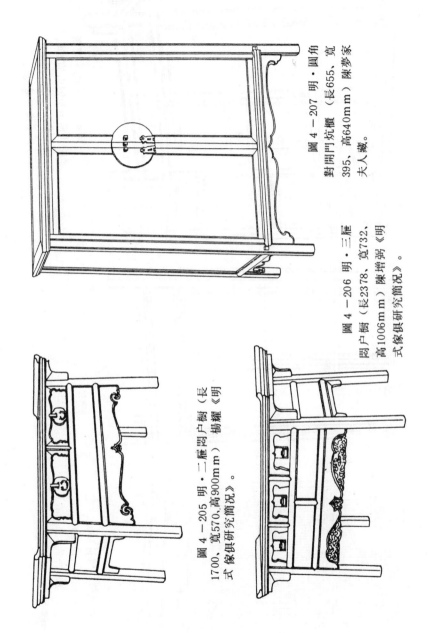

圖4－207 明・圓角
對開門炕櫃（長655、寬
395、高640mm）陳夢家
夫人藏。

圖4－206 明・三屜
悶戶橱（長2378、寬732、
高1006mm）陳增弼《明
式傢俱研究簡況》。

圖4－205 明・三屜悶戶橱（長
1700、寬570、高900mm）楊耀《明
式傢俱研究簡況》。

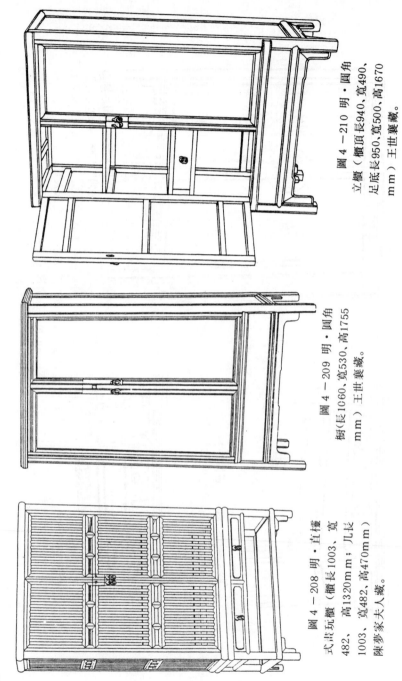

圖 4－210 明・圓角
立櫃（櫃頂長940、寬490、
足底長950、寬500、高1670
mm）王世襄藏。

圖 4－209 明・圓角
櫥（長1060、寬530、高1755
mm）王世襄藏。

圖 4－208 明・直櫺
式炕玩櫃（櫃長1003、寬
482、高1320mm；几長
1003、寬482、高470mm）
陳夢家夫人藏。

156

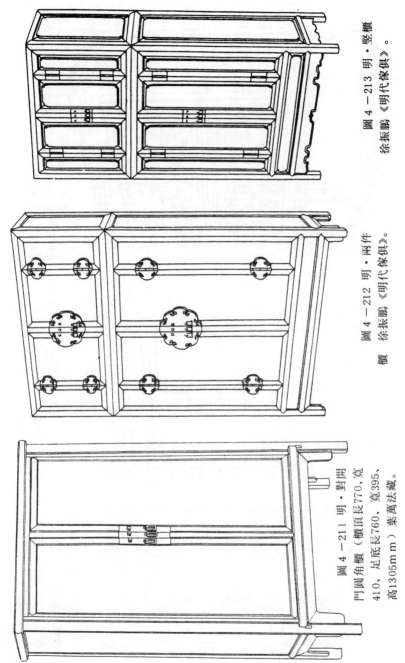

圖 4－213 明·竪櫃
徐振鵬《明代傢俱》。

圖 4－212 明·兩件
櫃 徐振鵬《明代傢俱》。

圖 4－211 明·對開
門圓角櫃（櫃頂長770，寬
410，足底長760，寬395，
高1305mm）葉萬法藏。

157

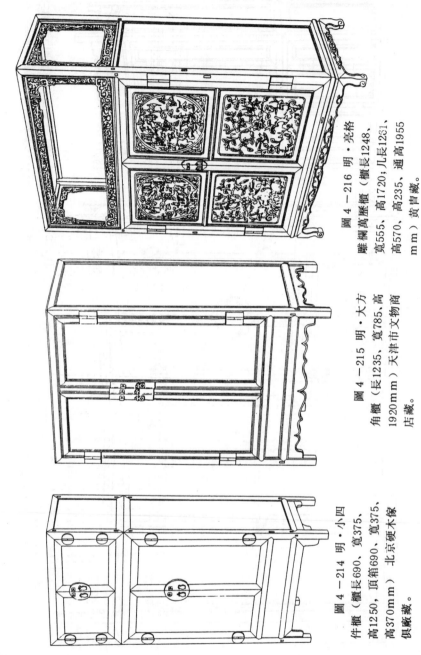

圖４－２１６　明・亮格
雕欄萬厤櫃（櫃長1248、
寬555、高1720；几長1251、
高570、寬235、通高1955
ｍｍ）黃冑藏。

圖４－２１５　明・大方
角櫃（長1235、寬785、高
1920ｍｍ）天津市文物商
店藏。

圖４－２１４　明・小四
件櫃（櫃長690、寬375、
高1250、頂箱690、寬375、
高370ｍｍ）北京硬木傢
俱廠藏。

158

圖4－217 明・兩屉
書格　楊耀《明式傢俱藝
術》。

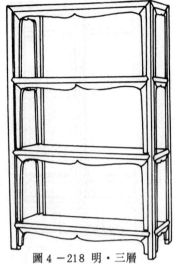

圖4－218 明・三層
壺門式書格　楊耀《明式
傢俱藝術》。

圖4－219 明・棗花
波紋背壺門式架格（長
1070、寬450、高1680mm）
陳夢家夫人藏。

圖4－220 明・五抹
門圓角櫃（櫃頂長980、寬
520；足底長970、寬510、
通高1875mm）北京市文
物局藏。

159

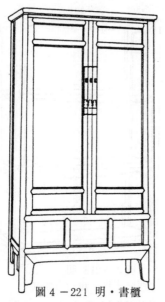

圖4－221 明・書櫃
徐振鵬《明代傢俱》。

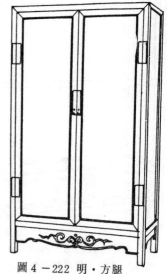

圖4－222 明・方腿
櫃 徐振鵬《明代傢俱》。

圖4－223 明・單層亮格萬歷
櫃（櫃長1130、寬555、高166；几長
1150、寬575、高210，通 高1870
ｍｍ）北京市文物商店藏。

圖4－224 明・風車
欞書玩架格（長1010、寬
510、高1910ｍｍ）北京故
宮博物院藏。

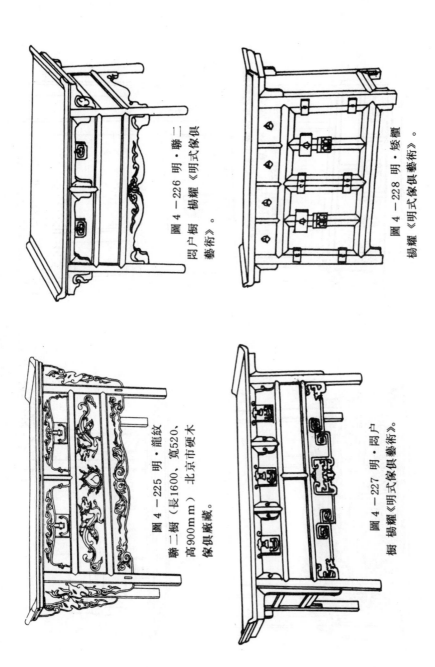

圖4－226 明·聯二
悶戶橱 楊耀《明式傢俱
藝術》。

圖4－228 明·矮櫃
楊耀《明式傢俱藝術》。

圖4－225 明·龍紋
聯三橱（長1600、寬520、
高900mm）北京市硬木
傢俱廠藏。

圖4－227 明·悶戶
橱 楊耀《明式傢俱藝術》。

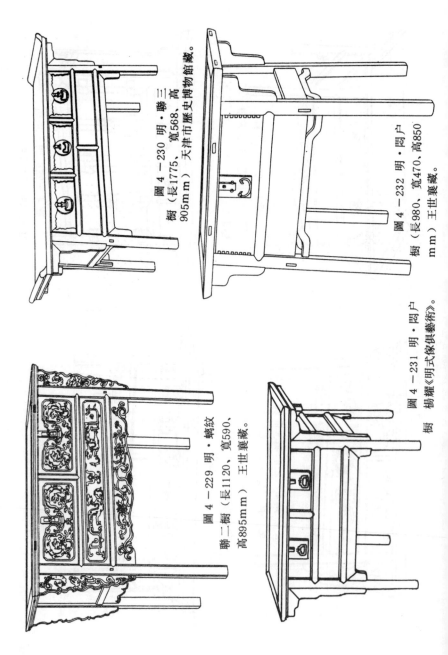

圖4－230 明・聯三
櫥（長1775、寬568、高
905mm）天津市歷史博物館藏。

圖4－232 明・悶戶
櫥（長980、寬470、高850
mm）王世襄藏。

圖4－229 明・螭紋
聯二櫥（長1120、寬590、
高895mm）王世襄藏。

圖4－231 明・悶戶
櫥　楊耀《明式傢俱藝術》。

圖4－234　圖4－235　明·藥箱

楊耀《明式傢俱藝術》。

圖4－233　明·衣箱

楊耀《明式傢俱藝術》。

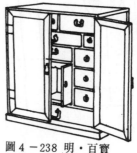

圖4－236　圖4－237　明·藥箱、

官皮箱　楊耀《明式傢俱藝術》。

圖4－238　明·百寶

箱　楊耀《明式傢俱藝術》。

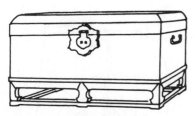

圖4－239　明·衣箱

楊耀《明式傢俱藝術》。

圖4－240　明·對開

門衣櫥（長820、寬470、

高1600ｍｍ）楊耀《明式

傢俱研究》。

163

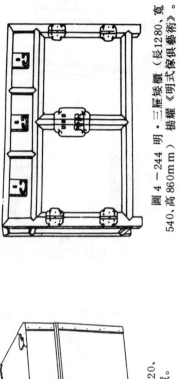

圖 4－242 明・衣箱
楊耀《明式傢俱藝術》。

圖 4－244 明・三屜矮櫃（長1280、寬
540、高860mm）。楊耀《明式傢俱藝術》。

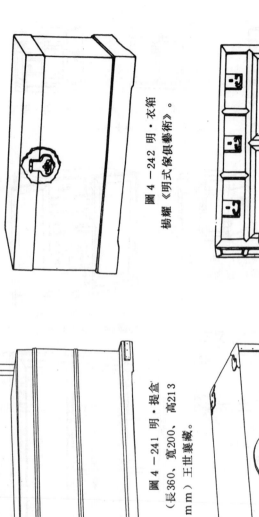

圖 4－241 明・提盒
（長360、寬200、高213
mm）王世襄藏。

圖 4－243 明・小箱（長420、
寬240、高187 mm）王世襄藏。

164

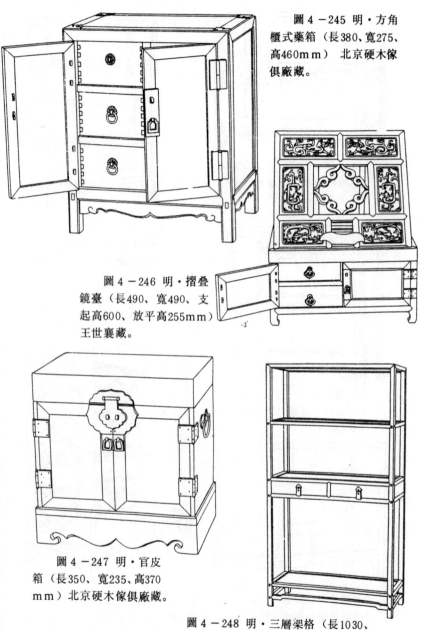

圖4－245 明・方角
櫃式藥箱（長380、寬275、
高460mm） 北京硬木傢
俱廠藏。

圖4－246 明・摺叠
鏡臺（長490、寬490、支
起高600、放平高255mm）
王世襄藏。

圖4－247 明・官皮
箱（長350、寬235、高370
mm）北京硬木傢俱廠藏。

圖4－248 明・三層梁格（長1030、
寬436、高1880mm）陳夢家夫人藏。

165

圖4-249 明・兩層
式壺門屉格架 楊耀《明
式傢俱藝術》。

圖4-250 明・直方
腿四層格架 王世襄《淺
談明式傢俱》。

圖4-251 明・兩層
兩屉書格 楊耀《明式傢
俱藝術》。

圖4-252 明・二屉
立字層書格 楊耀《明式
傢俱藝術》。

圖4-253 明・壺門
側三層金龍格架 王世襄
《淺談明式傢俱》。

166

圖4－255 明・座屏　陳增
弼《明式傢俱的類型及其特徵》。

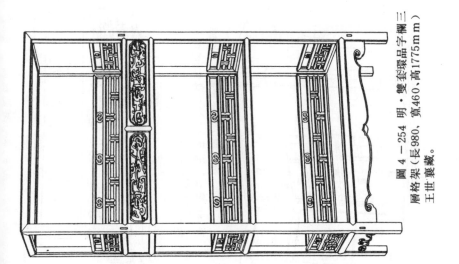

圖4－254 明・雙套環品字欄三
層格架（長980、寬460、高1775mm）
王世襄藏。

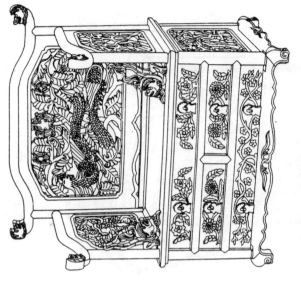

圖 4－257 明・寶座式鏡臺（長430、
寬280、高520mm）王世襄藏。

圖 4－258 明・井字
桿承盤（長354、寬354、
高154mm）王世襄藏。

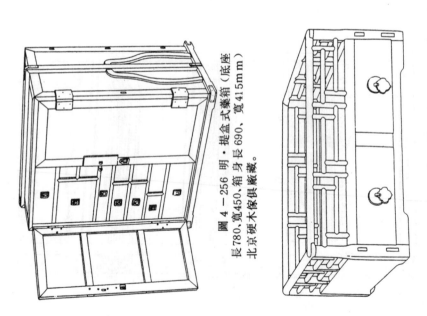

圖 4－256 明・提盒式藥箱（底座
長780、寬450、箱身長690、寬415mm）
北京硬木傢俱嚴藏。

168

圖４－259　明・插屏式座
屏風（足底長1500、寬780、高
2455ｍｍ）北京故宮博物院藏。

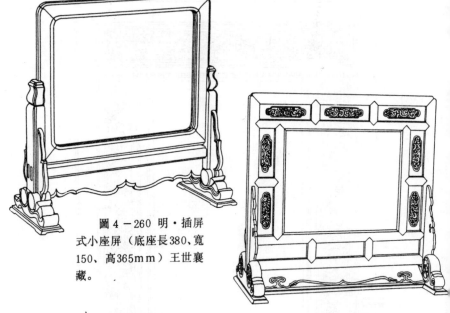

圖4－260 明·插屏
式小座屏（底座長380、寬
150、高365mm）王世襄
藏。

圖4－261 明·小座
屏（底座長735、寬395、
高705mm）王世襄藏。

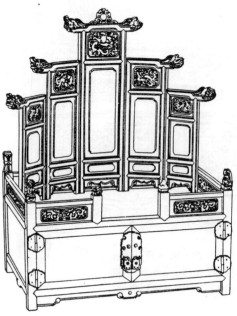

圖4－262 明·五屏
式鏡臺(長555、寬365、高
720mm） 北京硬木傢俱
廠藏。

圖4－263 明・連環套衣罩架子牀　楊耀《明
式傢俱藝術》。

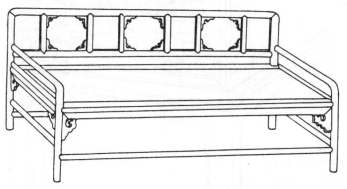

圖4－264 明・倚屏式羅漢牀　楊耀《明式
傢俱藝術》。

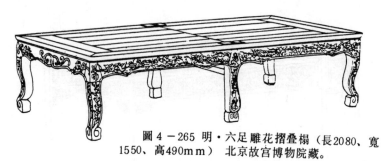

圖4－265 明・六足雕花摺叠榻（長2080、寬1550、高490mm） 北京故宮博物院藏。

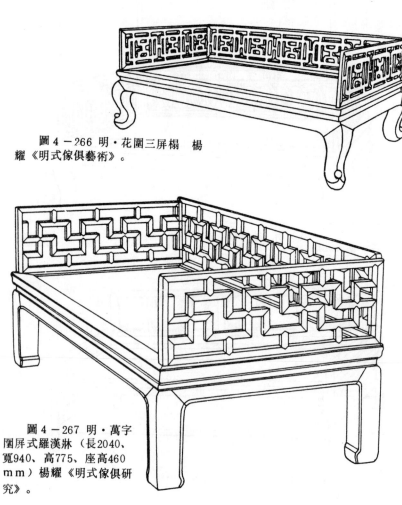

圖4－266 明・花圍三屏榻　楊耀《明式傢俱藝術》。

圖4－267 明・萬字圍屏式羅漢牀（長2040、寬940、高775、座高460mm）楊耀《明式傢俱研究》。

圖 4 - 268 明・中空花圍架子牀　楊
耀《明式傢俱研究》。

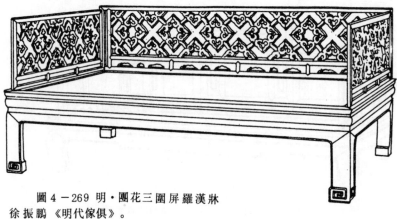

圖 4 - 269 明・團花三圍屏羅漢牀
徐振鵬《明代傢俱》。

圖4－270 明・萬字圍衣罩架子牀（長2470、
寬1434、高2348、座高550ｍｍ）陳增弼《明式傢俱
研究簡況》。

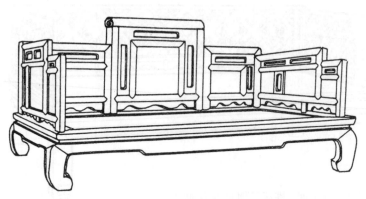

圖4－271 明・中高書卷頭三屏榻　蘇州拙政園藏。

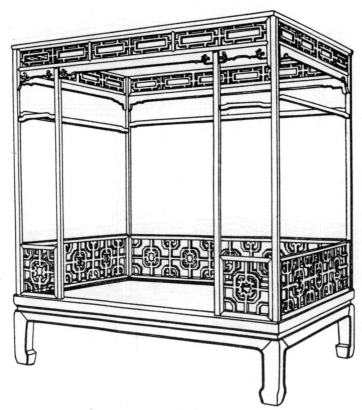

圖4－272 明·鬮花衣罩架子牀（長2260、寬1600、髙2420、座高520mm）楊耀《明式傢俱研究》。

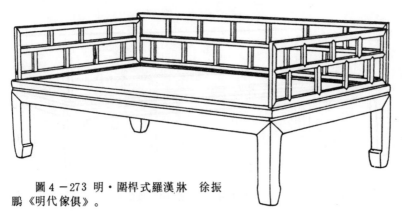

圖4－273 明·圍桿式羅漢牀　徐振鵬《明代傢俱》。

圖 4－274 明·帶門圍架子牀（長 2185、寬
1475、高 2310mm）北京故宮博物院藏。

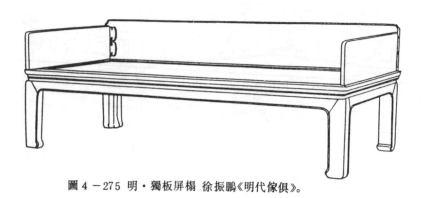

圖 4－275 明·獨板屏榻 徐振鵬《明代傢俱》。

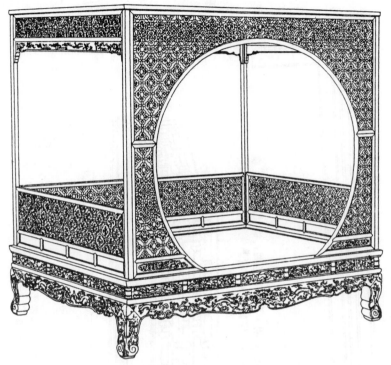

圖 4－276 明・團花月洞式門罩架子牀（長
2475、 寬 1878、 高 2270mm）北京故宮博物院藏。

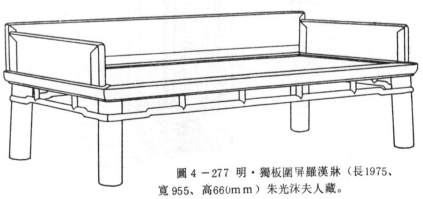

圖 4－277 明・獨板圍屏羅漢牀（長 1975、
寬 955、 高 660mm）朱光沐夫人藏。

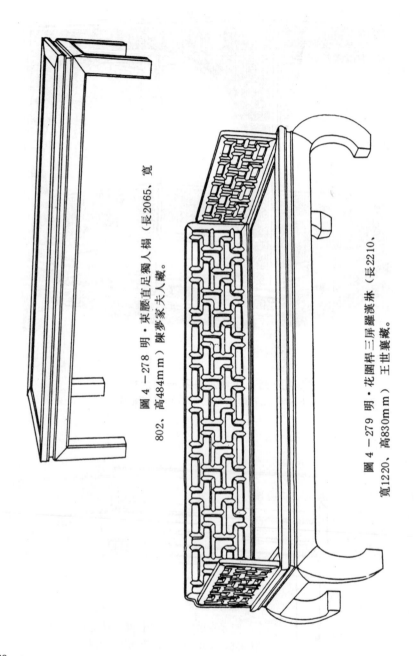

圖 4－278 明・束腰直足獨入樹（長2065、寬802、高484ｍｍ）陳夢家夫人藏。

圖 4－279 明・花園样三屏羅漢牀（長2210、寬1220、高830ｍｍ）王世襄藏。

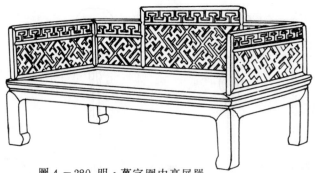

圖4－280 明・萬字圍中高屏羅
漢牀 胡文彥《中國歷代傢俱》。

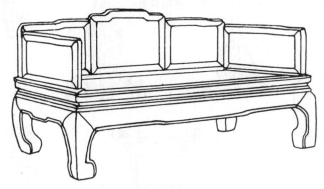

圖4－281 明・榻 胡文彥《中國歷代傢俱》。

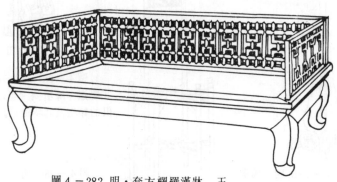

圖4－282 明・套方欄羅漢牀 王
錚《中國古代傢俱陳設鋼筆畫集》。

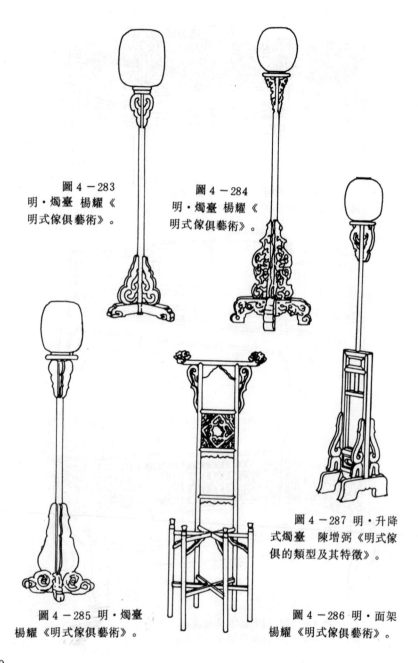

圖4－283
明·燭臺 楊耀《
明式傢俱藝術》。

圖4－284
明·燭臺 楊耀《
明式傢俱藝術》。

圖4－287 明·升降
式燭臺 陳增弼《明式傢
俱的類型及其特徵》。

圖4－285 明·燭臺
楊耀《明式傢俱藝術》。

圖4－286 明·面架
楊耀《明式傢俱藝術》。

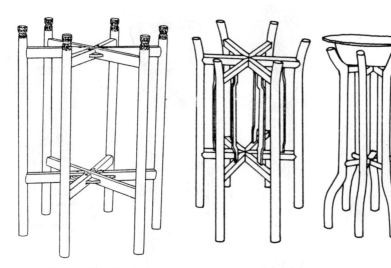

圖4－288 明・六足
摺叠式矮面盆架(圓徑500、
高662mm)　王世襄藏。

圖4－289 明・六足
面盆架　江蘇鎮江金山禪
寺藏。

圖4－290
明・撇腿面盆
架　楊耀《明式
傢俱藝術》。

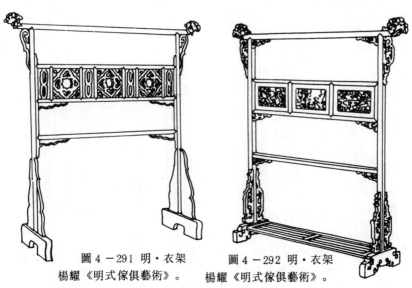

圖4－291 明・衣架
楊耀《明式傢俱藝術》。

圖4－292 明・衣架
楊耀《明式傢俱藝術》。

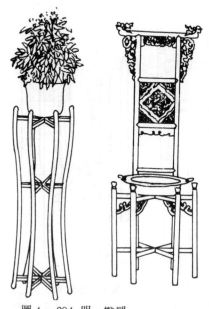

圖4－294 明・撇腿
花臺 楊耀《明式傢俱藝
術》。

圖4－293
明・帶托泥雙層
花臺 楊耀《明
傢俱藝術》。

圖4－295 圖4－296
明・高背雕花面架 楊耀《
明式傢俱藝術》。

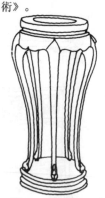

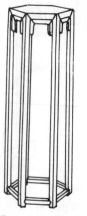

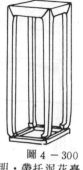

圖4－298 明・香几
胡文彥《中國歷代傢俱》。

圖4－297 明・香几
楊耀《明式傢俱藝術》。

圖4－300
明・帶托泥花臺
楊耀《明式傢俱
藝術》。

圖4－299 明・花臺
楊耀《明式傢俱藝術》。

182

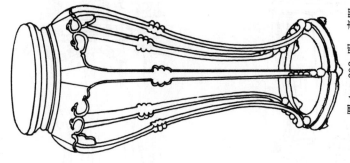

圖 4－303 明・壺門式膨牙帶托泥香几（面徑大徑485、385、肩部最大徑485、高1065mm）陳增弼《明式傢俱的造型美》。

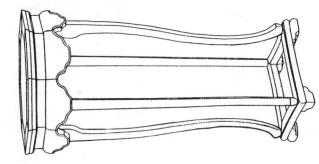

圖 4－302 明・四足八方香几（面長505、寬372、高1030mm）王世襄藏。

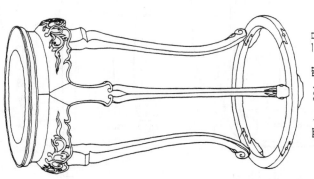

圖 4－301 明・三足香几（面徑433、高893mm）王世襄藏。

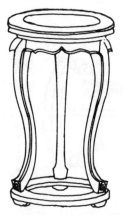

圖4－304 明・三腿
香几（面徑470、通高870
mm）楊耀《明式傢俱研
究》。

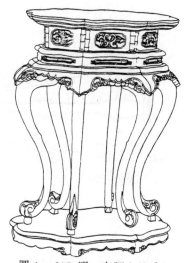

圖4－305 明・束腰六足香几
（面長505、 寬392、高730mm）
北京故宮博物院藏。

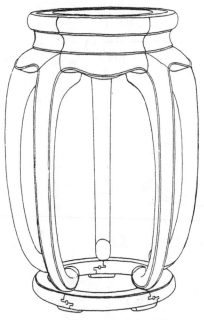

圖4－306 明・五足
內卷香几（面徑472、 高
855mm）陳夢家夫人藏。

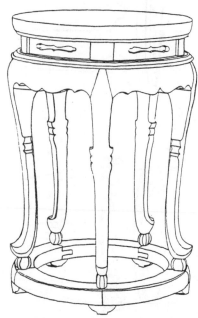

圖4－307 明・束腰五足香几
（面徑610、肩徑 670、高890mm）
王世襄藏。

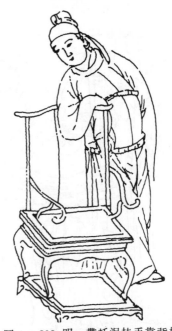

圖4－308 明・扶手
靠背椅（清）葉九如輯
《三希堂畫寶》。

圖4－309 明・帶托泥扶手靠背椅
（元）高明撰《琵琶記》明萬歷間（
一五七三——一六一九），金陵書肆刻本。

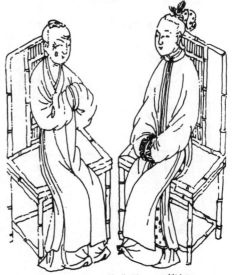

圖4－310 明・香几、
竹背椅（清）葉九如輯
《三希堂畫寶》，錢吉生畫。

圖4－311 明・竹背椅《玉簪記》（明）
高濂撰，明萬歷間（一五七三——一六一九），
金陵書肆長春堂刻本。

圖４－３１２ 元・
香几（元末）高明撰，
明萬歷間（一五七三
——一六一九），金陵
書肆刻本。

圖４－３１３ 明・方几 （清）葉九
如輯《三希堂畫寶》，何元俊畫。

圖４－３１４ 明・平頭畫案《列女傳》插圖。

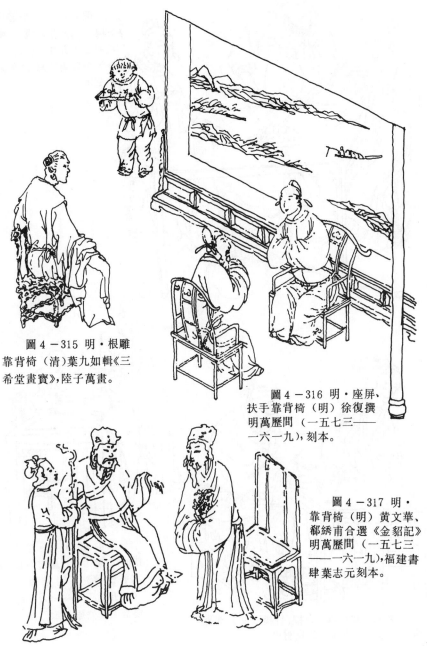

圖4－315 明・根雕
靠背椅（清）葉九如輯《三
希堂畫寶》，陸子萬畫。

圖4－316 明・座屏、
扶手靠背椅（明）徐復撰
明萬曆間（一五七三——
一六一九），刻本。

圖4－317 明・
靠背椅（明）黃文華、
郄綉甫合選《金貂記》
明萬曆間（一五七三
——一六一九），福建書
肆葉志元刻本。

圖4－318 明・籧墩
方棹（明）張鳳翼、明
萬歷二十九年（一六○
一）金陵書肆繼志齋陳
氏刻本。

圖4－319 明・矮條
棹、方櫈（明）羅貫中撰
《平妖傳》，明萬歷間
（一五七三——一六一九）
錢塘王慎修原刻本。

圖4－320 明・方棹、竹椅（清）葉九
如輯《三希堂畫寶》朱良材畫。

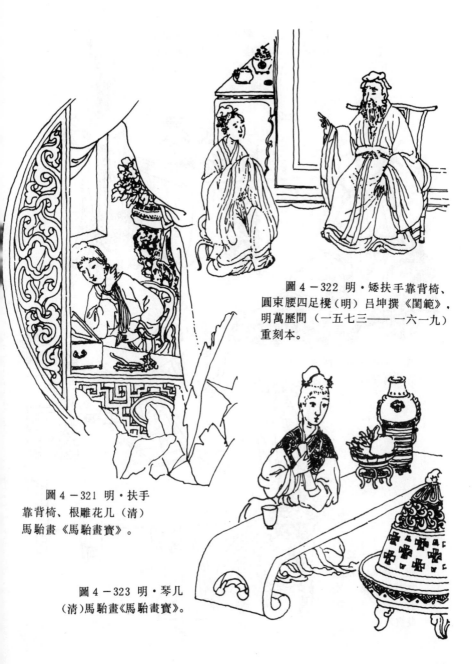

圖4－322 明·矮扶手靠背椅、
圓束腰四足橙（明）呂坤撰《閨範》,
明萬歷間（一五七三——一六一九）
重刻本。

圖4－321 明·扶手
靠背椅、根雕花几（清）
馬駘畫《馬駘畫寶》。

圖4－323 明·琴几
（清)馬駘畫《馬駘畫寶》。

圖4－325 明·書案、
根雕榻（清）馬駘畫《馬
駘畫寶》。

圖4－324 明·根雕
椅（清）馬駘畫《馬駘畫
寶》。

圖4－326
明·條榥、根雕
靠背椅（清）吳
有如輯《三希堂
畫寶》。

圖4－327 明·帶托泥香几（明
初）羅貫中撰《殘唐五代傳》，清康
熙間（一六六二——一七二二）文錦
堂刻本。

圖4－328 明·條榥、
圓榥、竹方榥（清）馬駘
畫《馬駘畫寶》。

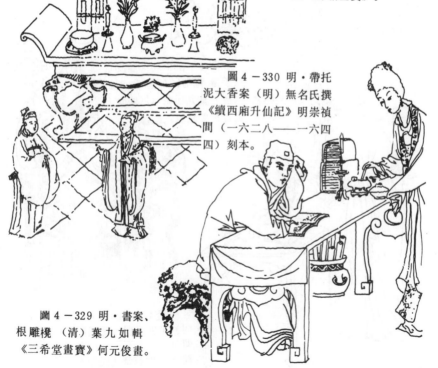

圖4－330 明·帶托
泥大香案（明）無名氏撰
《續西廂升仙記》明崇禎
間（一六二八——一六四
四）刻本。

圖4－329 明·書案、
根雕榥（清）葉九如輯
《三希堂畫寶》何元俊畫。

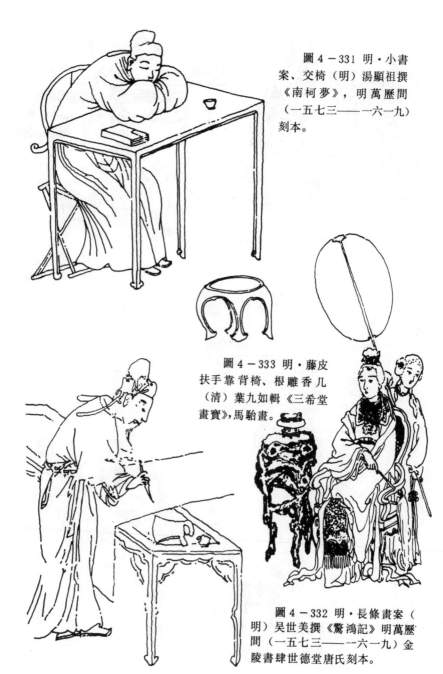

圖4－331 明·小書
案、交椅（明）湯顯祖撰
《南柯夢》，明萬曆間
（一五七三——一六一九）
刻本。

圖4－333 明·藤皮
扶手靠背椅、根雕香几
（清）葉九如輯《三希堂
畫寶》，馬駘畫。

圖4－332 明·長條畫案（
明）吳世美撰《驚鴻記》明萬曆
間（一五七三——一六一九）金
陵書肆世德堂唐氏刻本。

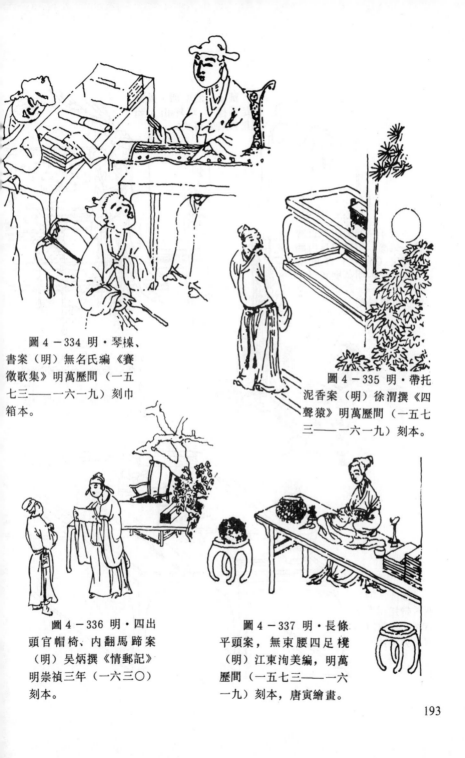

圖4－334 明·琴檯、書案（明）無名氏編《賽徵歌集》明萬曆間（一五七三——一六一九）刻巾箱本。

圖4－335 明·帶托泥香案（明）徐渭撰《四聲猿》明萬曆間（一五七三——一六一九）刻本。

圖4－336 明·四出頭官帽椅、內翻馬蹄案（明）吳炳撰《情郵記》明崇禎三年（一六三〇）刻本。

圖4－337 明·長條平頭案，無束腰四足橕（明）江東洵美編，明萬曆間（一五七三——一六一九）刻本，唐寅繪畫。

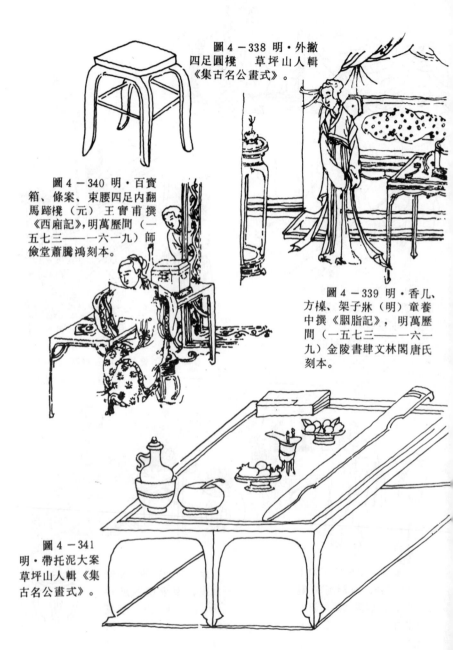

圖4－338 明・外撇
四足圓櫈 草坪山人輯
《集古名公畫式》。

圖4－340 明・百寶
箱、條案、束腰四足內翻
馬蹄櫈（元）王實甫撰
《西廂記》，明萬曆間（一
五七三——一六一九）師
儉堂蕭騰鴻刻本。

圖4－339 明・香几、
方櫈、架子牀（明）童養
中撰《胭脂記》，明萬曆
間（一五七三——一六一
九）金陵書肆文林閣唐氏
刻本。

圖4－341
明・帶托泥大案
草坪山人輯《集
古名公畫式》。

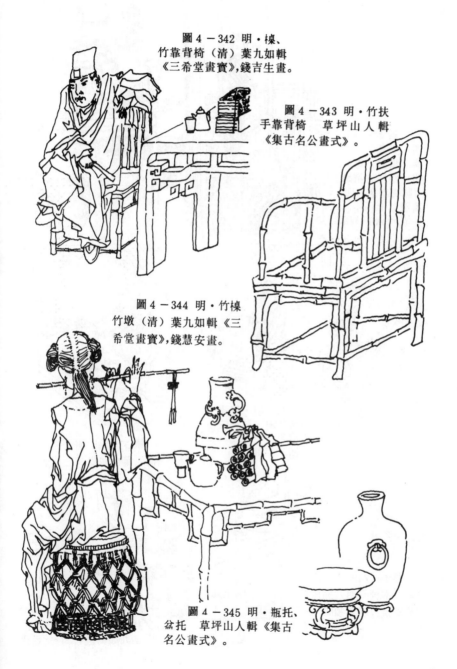

圖4－342 明・椅、
竹靠背椅（清）葉九如輯
《三希堂畫寶》，錢吉生畫。

圖4－343 明・竹扶
手靠背椅　草坪山人輯
《集古名公畫式》。

圖4－344 明・竹椅
竹墩（清）葉九如輯《三
希堂畫寶》，錢慧安畫。

圖4－345 明・瓶托、
盆托　草坪山人輯《集古
名公畫式》。

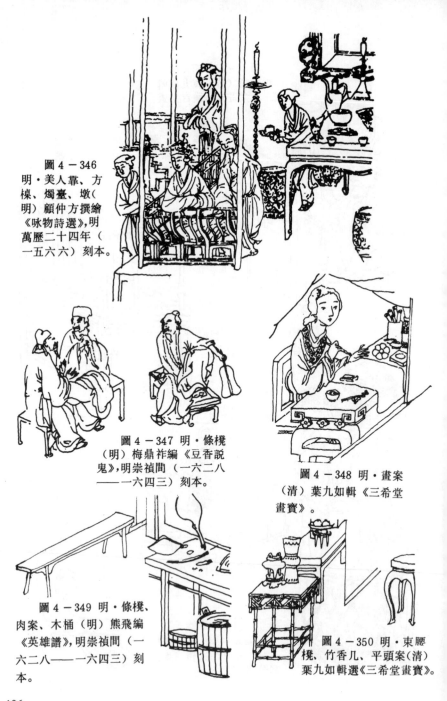

圖4-346
明·美人靠、方
棠、燭臺、墩(
明）顧仲方撰繪
《咏物詩選》,明
萬曆二十四年（
一五六六）刻本。

圖4-347 明·條櫈
（明）梅鼎祚編《豆香說
鬼》,明崇禎間（一六二八
——一六四三）刻本。

圖4-348 明·畫案
（清）葉九如輯《三希堂
畫寶》。

圖4-349 明·條櫈、
肉案、木桶（明）熊飛編
《英雄譜》,明崇禎間（一
六二八——一六四三）刻
本。

圖4-350 明·束腰
櫈、竹香几、平頭案（清）
葉九如輯選《三希堂畫寶》。

196

圖 4－351 明・平頭
案、花几、方棹、靠背椅
（明）周履靖撰《錦箋記》，
明萬歷三十六年（一六〇
八）金陵書肆繼志齋陳氏
刻本。

圖 4－352 明・對卷
頭霸王棖香案（明）沈璟
撰《題情》，明崇禎十年
（一六三七）刻本。

圖 4－353 明・帶托泥矮六足圓
棹（明）薛近兗撰《綉襦記》，明萬歷
間（一五七三──一六一九）師儉堂
蕭騰鴻刻本。

197

圖4－354 明・托泥
香几（明）孟稱舜編選
《柳枝集》。

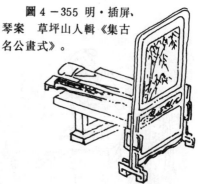

圖4－355 明・插屏、
琴案 草坪山人輯《集古
名公畫式》。

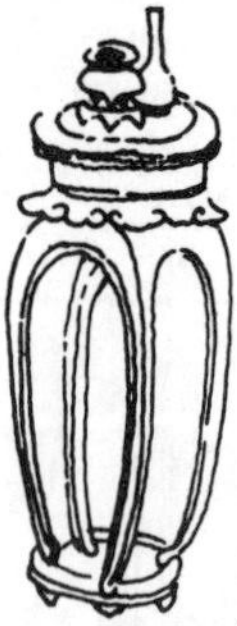

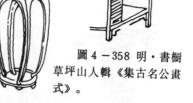

圖4－357 明・杳几
草坪山人輯《集古名公畫
式》。

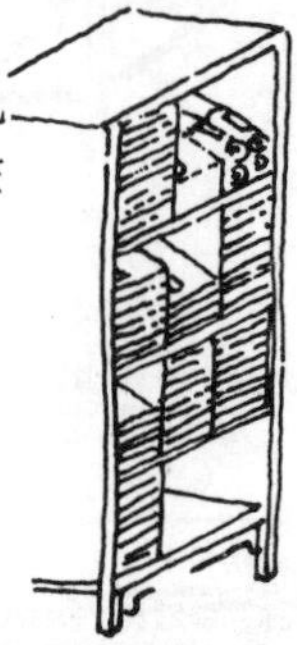

圖4－358 明・書櫥
草坪山人輯《集古名公畫
式》。

圖4－356 明・平頭
案、四足橙 草坪山人輯
《集古名公畫式》。

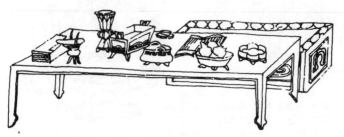

圖4－359 明・條案、雙人座 草坪山人輯《集古名公畫式》。

198

圖4－361 明·扶手
靠背椅、足承（明）松朧
道人撰《題塔記》。

圖4－360 明·花几、
案、圈椅、燭臺（明）王
穉登撰《全德記》明萬曆
間（一五七三——一六一
九）金陵書肆廣慶堂唐振
吾刻本。

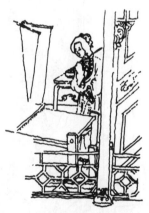

圖4－363 明·條案
（明）《吳騷合編》。

圖4－362 明·四出頭束腰外翻馬蹄扶手
椅、足承（明）陽羨海來道人撰《駕鴦條》。

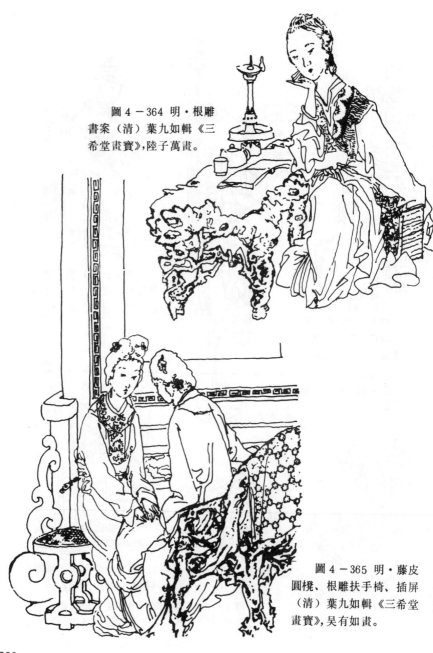

圖4－364 明·根雕
書案（清）葉九如輯《三
希堂畫寶》，陸子萬畫。

圖4－365 明·藤皮
圓櫈、根雕扶手椅、插屏
（清）葉九如輯《三希堂
畫寶》，吳有如畫。

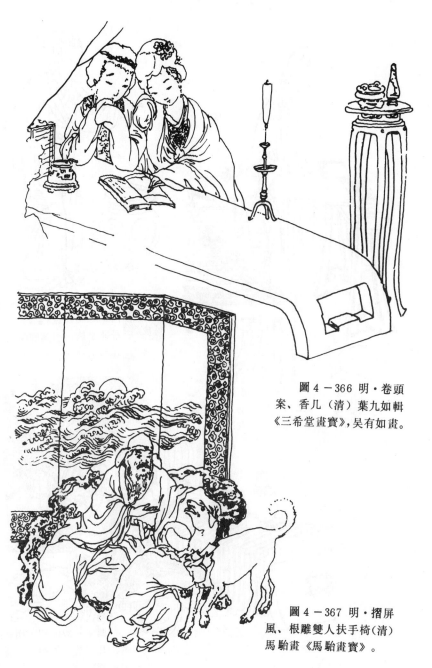

圖４－３６６　明・卷頭
案、香几（清）葉九如輯
《三希堂畫寶》，吳有如畫。

圖４－３６７　明・摺屏
風、根雕雙人扶手椅（清）
馬駘畫《馬駘畫寶》。

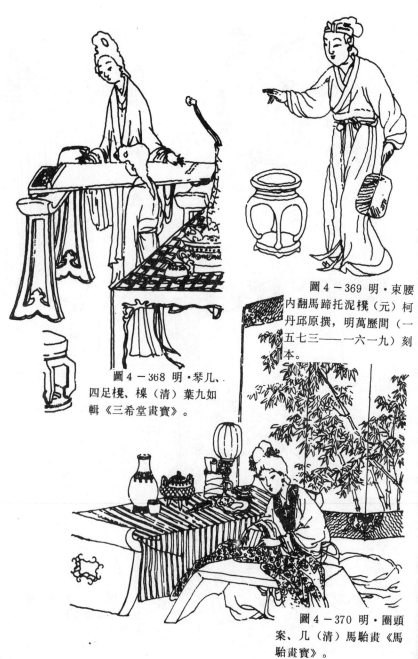

圖4-368 明·琴几、
四足檠、檠（清）葉九如
輯《三希堂畫寶》。

圖4-369 明·束腰
內翻馬蹄托泥檠（元）柯
丹邱原撰，明萬歷間（一
五七三——一六一九）刻
本。

圖4-370 明·圈頭
案、几（清）馬駘畫《馬
駘畫寶》。

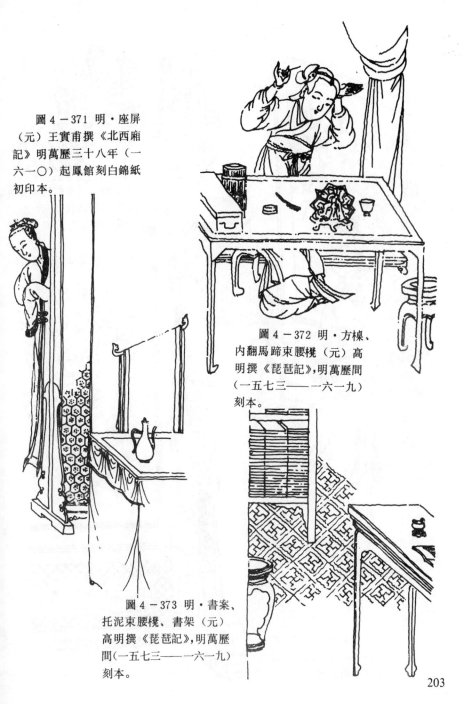

圖 4－371 明·座屏
（元）王實甫撰《北西廂
記》明萬曆三十八年（一
六一〇）起鳳館刻白錦紙
初印本。

圖 4－372 明·方棹、
內翻馬蹄束腰橙（元）高
明撰《琵琶記》，明萬曆間
（一五七三——一六一九）
刻本。

圖 4－373 明·書案、
托泥束腰橙、書架（元）
高明撰《琵琶記》，明萬曆
間（一五七三——一六一九）
刻本。

圖4－375 明·條棹
束腰四足圓橙（明）薛近
兗撰《繡襦記》,明天啟間
（一六二一——一六二七）
吳芥閔氏刻本,朱墨套印
本。

圖4－374 明·座屏、
方案、藤墩（元）高明撰
《琵琶記》,明萬歷間（一
五七三——一六一九）刻
本。

圖4－376 明·插屏
（清）葉九如輯《三希堂
畫寶》,馬駘畫。

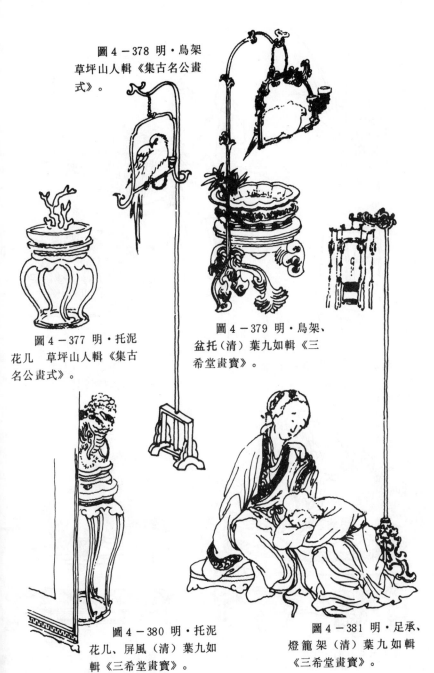

圖4－378 明・鳥架
草坪山人輯《集古名公畫
式》。

圖4－377 明・托泥
花几　草坪山人輯《集古
名公畫式》。

圖4－379 明・鳥架、
盆托（清）葉九如輯《三
希堂畫寶》。

圖4－380 明・托泥
花几、屏風（清）葉九如
輯《三希堂畫寶》。

圖4－381 明・足承、
燈籠架（清）葉九如輯
《三希堂畫寶》。

圖4－382 明·花瓶
托（清）葉九如輯《三希
堂畫寶》閔貞畫。

圖4－383 明·花盆
托架（清）葉九如輯《三
希堂畫寶》。

圖4－384 明·根雕花盆托（清）葉
九如輯《三希堂畫寶》，楊慶徵畫。

圖4－385 明·花盆托（清）葉
九如輯《三希堂畫寶》，金俊明畫。

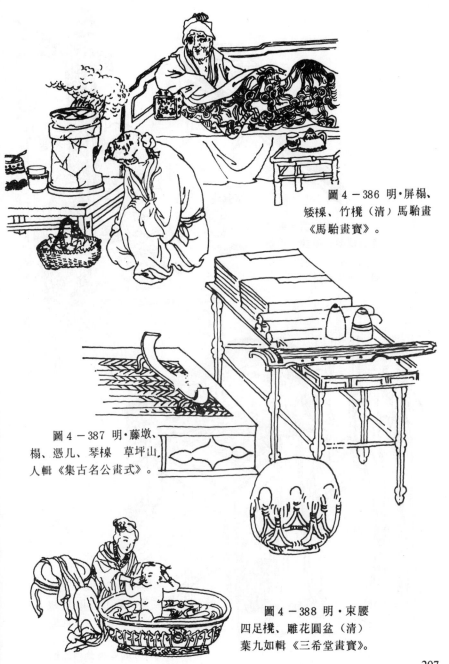

圖4－386 明·屏榻、
矮棜、竹橖（清）馬駘畫
《馬駘畫寶》。

圖4－387 明·藤墩、
榻、憑几、琴棜 草坪山
人輯《集古名公畫式》。

圖4－388 明·束腰
四足棜、雕花圓盆（清）
葉九如輯《三希堂畫寶》。

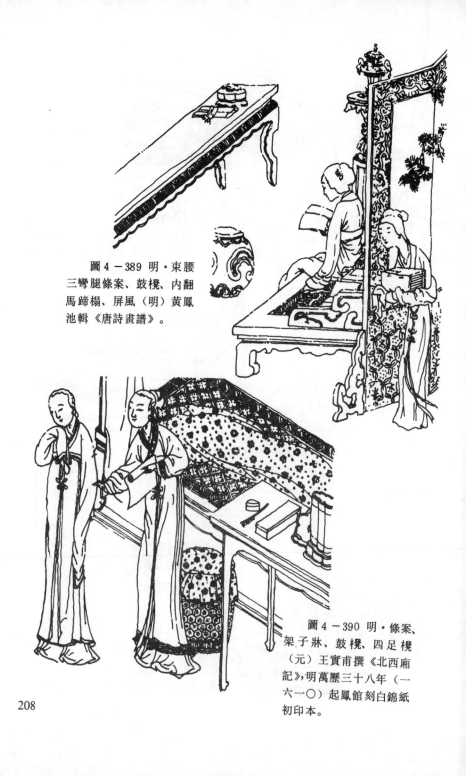

圖4－389 明・束腰
三彎腿條案、鼓櫈、內翻
馬蹄榻、屏風（明）黃鳳
池輯《唐詩畫譜》。

圖4－390 明・條案、
架子牀、鼓櫈、四足櫈
（元）王實甫撰《北西廂
記》，明萬曆三十八年（一
六一〇）起鳳館刻白錦紙
初印本。

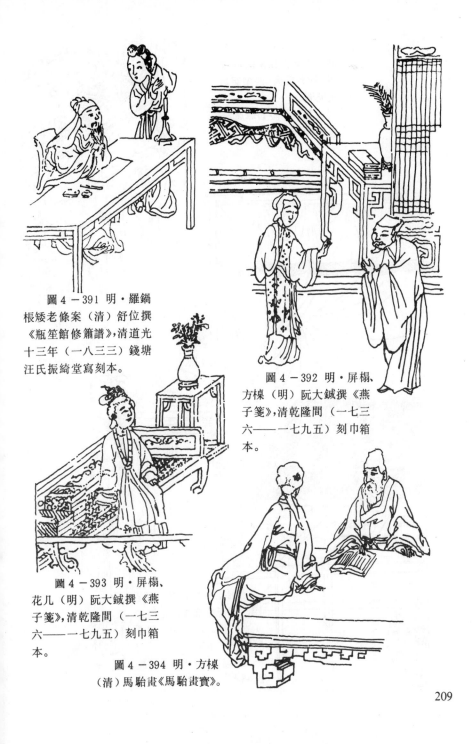

圖4－391 明・羅鍋
根矮老條案（清）舒位撰
《瓶笙館修簫譜》，清道光
十三年（一八三三）錢塘
汪氏振綺堂寫刻本。

圖4－392 明・屏榻、
方棹（明）阮大鋮撰《燕
子箋》，清乾隆間（一七三
六——一七九五）刻巾箱
本。

圖4－393 明・屏榻、
花几（明）阮大鋮撰《燕
子箋》，清乾隆間（一七三
六——一七九五）刻巾箱
本。

圖4－394 明・方棹
（清）馬駘畫《馬駘畫寶》。

圖4－395 明・竹架
子牀、方案、托泥四足橙
（明）無名氏撰《西湖記》，
明萬歷間（一五七三——
一六一九）金陵書肆廣慶
堂唐振吾刻本。

圖4－396 明・四足
橙、霸王根條案、壺門架
子牀（明）沈璟撰，明萬
歷間（一五七三——一六
一九）金陵書肆繼志齋陳
氏刻本。

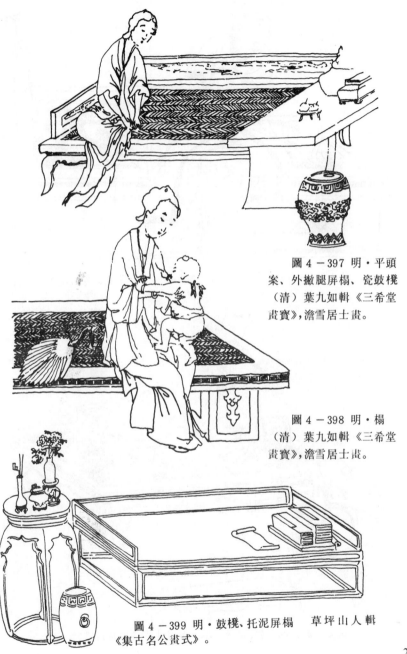

圖4－397 明・平頭
案、外撇腿屏榻、瓷鼓櫈
（清）葉九如輯《三希堂
畫寶》，澹雪居士畫。

圖4－398 明・榻
（清）葉九如輯《三希堂
畫寶》，澹雪居士畫。

圖4－399 明・鼓櫈、托泥屏榻　草坪山人輯
《集古名公畫式》。

圖4－400　明・托泥榻（清）葉九如輯《三希堂畫寶》，澹雪居士畫。

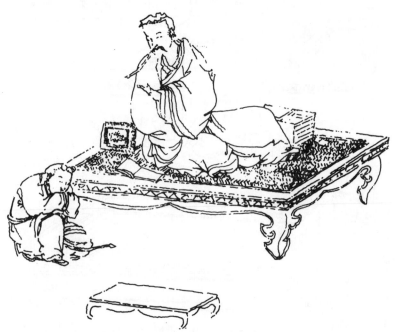

圖4－401　明・榻、足承（明）黃鳳池輯《唐詩畫譜》。

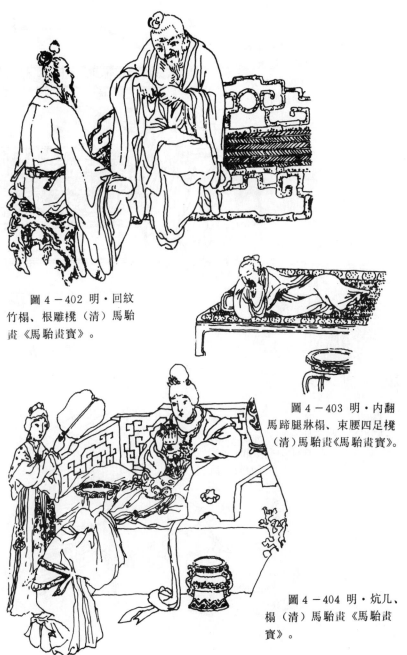

圖 4－402 明・回紋
竹榻、根雕橙（清）馬駘
畫《馬駘畫寶》。

圖 4－403 明・內翻
馬蹄腿牀榻、束腰四足橙
（清）馬駘畫《馬駘畫寶》。

圖 4－404 明・炕几、
榻（清）馬駘畫《馬駘畫
寶》。

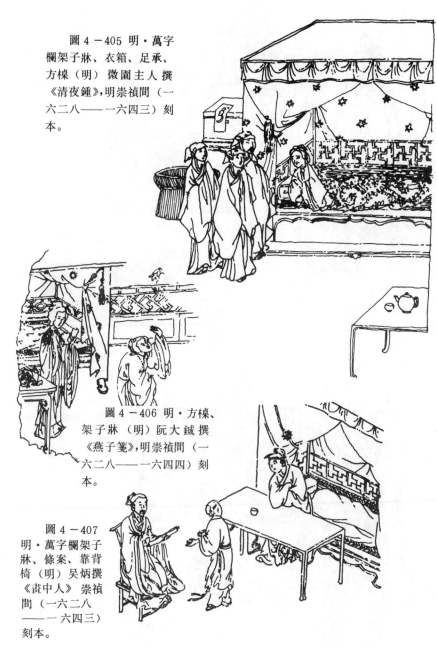

圖4－405 明‧萬字
欄架子牀、衣箱、足承、
方棹（明）微園主人撰
《清夜鐘》，明崇禎間（一
六二八——一六四三）刻
本。

圖4－406 明‧方棹、
架子牀（明）阮大鋮撰
《燕子箋》，明崇禎間（一
六二八——一六四四）刻
本。

圖4－407
明‧萬字欄架子
牀、條案、靠背
椅（明）吳炳撰
《畫中人》崇禎
間（一六二八
——一六四三）
刻本。

214

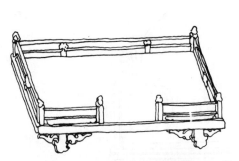

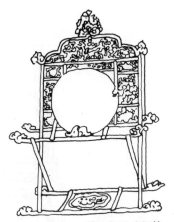

圖4－408　明・葫蘆頂荷葉
朵洪武大木牀（長1980、寬820、腿
高170、框厚90、座高260，欄柱高250
mm）山西襄汾古墓出土。

圖4－409　明・交椅式銅鏡
架　吳山《中國工藝美術大辭典》

圖4－410　明・萬字圍框櫃式架子牀　香港
《今日家居》，FEB1989 NO20。

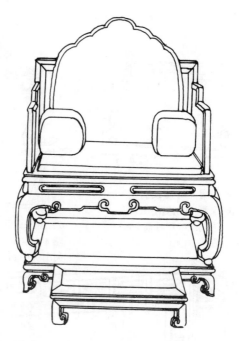

圖４－411　明・小開光圓線御用寶座　承德
避暑山莊藏。

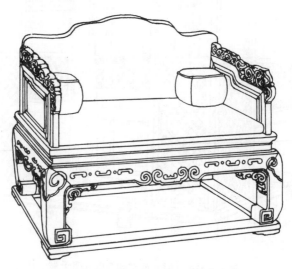

圖４－412　明・如意紋草龍拐寶座　北京故
宮博物院藏。

圖4－413　明・金漆蟠龍寶座、御踏　北京故宮博物院藏。

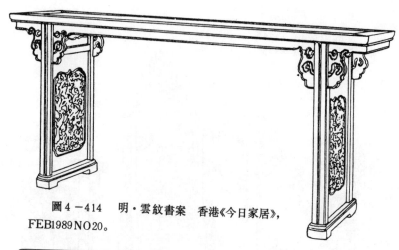

圖4－414　明・雲紋書案　香港《今日家居》，
FEB1989 NO20。

圖4－415　明・如
意紋扶手椅　香港《今日
家居》，FEB1989 NO20。

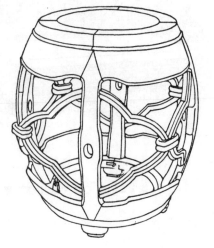

圖4－416　明・黃
花梨鼓橙　香港《今日家
居》，FEB1989 NO20。

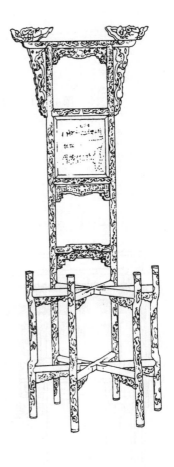

圖5－417　　明．
黃花梨螺鈿嵌玉盆架（徑
710、前足高745、高2015
ｍｍ）北京故宮博物院藏。

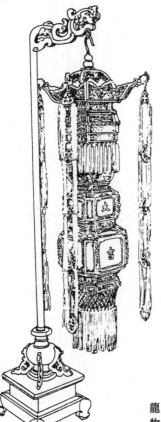

圖4－418　明．夔
龍座宮燈架　北京故宮博
物院藏。

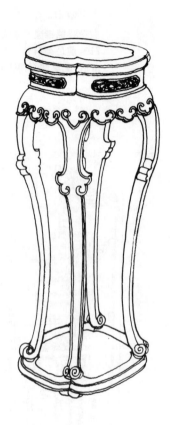

圖4－419　明·如
意紋香几　北京故宮博物
院藏。

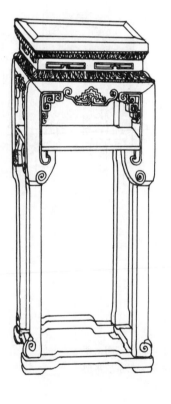

圖4－420　明·草
拐紋如意花几　北京故宮
博物院藏。

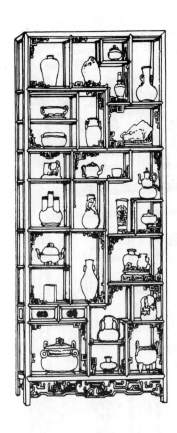

圖4-421　明·萬
字門瓶欄圍多寶格　北京
故宮博物院藏。

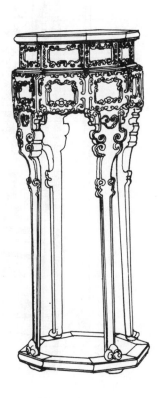

圖4-422　明·嵌
雲石如意紋香几　北京故
宮博物院藏。

圖4－423　明・紫檀嵌玉炕櫃　北京故宮博物院藏。

當明王朝在公元1640年被李自成領導的農民起義推翻之後，滿洲貴族又奪取了農民起義的果實，建立起清王朝並於1661年消滅南明，統一中國。

　　清朝統治初期，由於各地壓抑政策，使新興的資本主義萌芽受到摧殘，傢具處於沿襲與繼承明代傳統風格的狀態。在造型與結構上並無多大變化。但從十七世紀中葉開始，清朝經濟由恢復進入繁榮和發展的階段，達到康熙、雍正、乾隆三代的“盛世”。皇家苑囿、建築大量興起，達官顯貴的私家園林爭奇鬥艷。物質生活享受和極端頹靡的思想意識，集中反映在榮耀富貴的室內陳設上，運用各種精湛的工藝技術，融合明代傢具形製結構，使清代傢具形成了有別於明代風格的獨特面貌。在造型上，突出強調穩定、厚重的雄偉氣度；裝飾內容上大量採用隱喻豐富的吉祥瑞慶題材，來體現人的生活願望和幸福追求；製作手段滙集雕、嵌、描、繪、堆漆、剔犀等高超技藝，鍍鏤雕刻巧奪天工。品種上，清代傢具不僅具有明代傢具的類型，且還延伸出諸種形式的新形傢具如多功能陳列櫃、折叠與拆裝桌椅等。此外，在北京故宮內還可見到很多成形於建築與空間內的固定傢具，與牆體上的飛罩融於一體，這種新製法也是前所未有的。

　　清代傢具的室內置法，長案多設於正堂迎面，案前設方桌，左右置太師椅。床安在臥室一端，左右擺放小長桌等。園林傢具則多以對稱形式布局。內廳正中，常設炕床，左右放几案、琴桌。亦有在中心地位設一圓桌與凳的。

5. Furniture of the Qing Dynasty

In 1640, the Ming Dynasty was overthrown in a peasant uprising led by L Zicheng, but the fruits of victory were captured by Manchu nobles. In 1661, the Southern Ming Dynasty was destroyed and the Qing Dynasty was founded. China was once again united.

In the early Qing Dynasty, the seeds of developing capitalism were destroyed by various suppressive policies. Furniture at that time tended to follow and inherit the traditional styles of the Ming Dynasty, with no great changes in style or structure. But in the mid-17th century, the Qing economy began to resume and develop to a prosperous stage, flourishing during the reigns of Kangxi, Yongzheng, and Qianlong. Numerous royal gardens and buildings were constructed, and the private gardens of the nobles contended with each other for beauty. The search for material pleasure and the extremely decadent ideology is clearly reflected in the gaudy interior decoration. The application of precise craftsmanship, along with the absorption of Ming Dynasty furniture structure gave Qing furniture a unique style, distinct from that of the Ming Dynasty. As for structure, stress was laid on stability and impressive manner, and many auspicious subjects were selected for decoration, to express the people's hopes and pursuit of happiness. Skilled techniques of carving, inlaying, tracing, drawing and lacquering were applied. As for variety, many new types of furniture appeared in the Qing Dynasty, such as the multifunction showcase, and folding and removable tables and chairs. In the Palace Museum in Beijing, we can find many immovable articles of furniture made with unparalleled skill.

In the interior arrangement of the furniture of the Qing Dynasty, a long table was usually set in the main hall with a square table in front of it and a wooden lounge chair on each side. The bed was placed on one side of the bed room with a small long table on each side. Garden furniture was arranged in a symmetrical style. In the middle of the inner hall, a *'kang,'* or heatable brick bed, was usually used with a desk and music table on each side. Sometimes it was simply replaced with a round table and several stools.

圖5-1　清・牀、花几、插屏、鼓櫈（清）
馬駘畫《馬駘畫寶》。

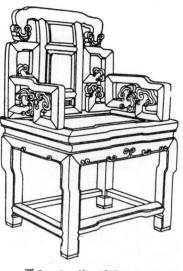

圖5－2 清·百寶嵌雲石如意
太師椅 江蘇南通南郊嗇園藏。

圖5－3 清·透雕靈芝太師椅
（面長585、寬 450、座面高500、通高
1040ｍｍ）江蘇鎮江金山禪寺藏。

圖5－4 清·彩繪瓷面三屏式
太師椅 戴連庫《清代傢俱研討》。

圖5－5 清·蝙頭繩紋太師椅
（座面長610、寬460、座面高500、
通高1010ｍｍ）江蘇鎮江甘露寺
藏。

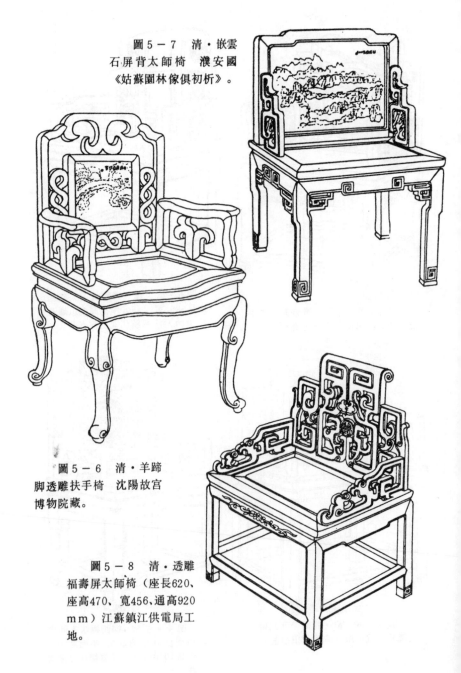

圖5－7　清‧嵌雲
石屏背太師椅　濮安國
《姑蘇園林傢俱初析》。

圖5－6　清‧羊蹄
脚透雕扶手椅　沈陽故宮
博物院藏。

圖5－8　清‧透雕
福壽屏太師椅（座長620、
座高470、寬456、通高920
mm）江蘇鎮江供電局工
地。

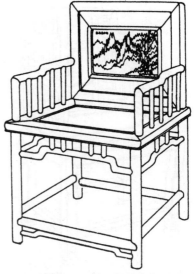

圖5－9　清·透雕靈芝嵌雲石
太師椅（面長620、寬450、座面高480、
通高1050ｍｍ）江蘇鎮江甘露寺藏。

圖5－10　清·嵌雲石屏背羅
鍋棖扶手椅　江蘇蘇州拙政園藏。

圖5－11　清·透雕蝙蝠如意太師
椅　江蘇蘇州拙政園藏。

圖5－12　清·透雕夔龍太
師椅　江蘇鎮江金山禪寺藏。

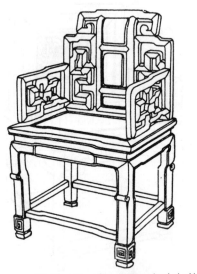

圖 5－13　清・透雕回紋太師椅
濮安國《姑蘇園林傢俱初析》。

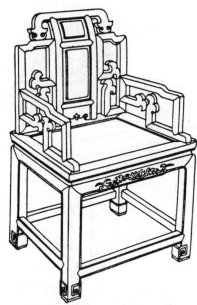

圖 5－14　清・拐子文透雕太師椅（座面長575、寬460、座高515、通高960ｍｍ）　江蘇鎮江甘露寺藏。

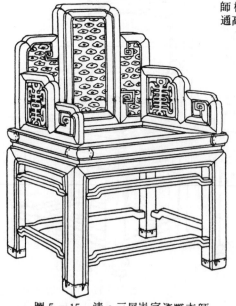

圖 5－15　清・三屏嵩字透雕太師椅　北京故宮博物院藏。

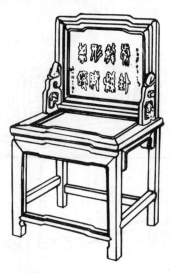

圖 5－16　清・嵌雲石屏背夔龍扶手椅　許家千《明式與蘇式傢俱》。

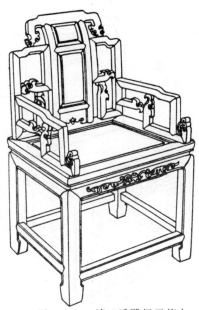

圖5－18　清・雙座玫瑰椅　濮安
國《姑蘇園林傢俱初析》。

圖5－17　清・透雕拐子龍太
師椅（座面長575、寬460、座高515、
通高960ｍｍ）江蘇鎮江金山禪寺
藏。

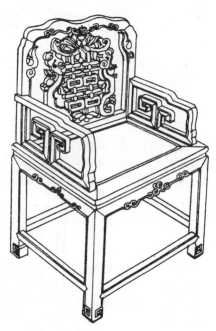

圖5－19　清・雙套環透
雕扶手椅　許家千《明式與
蘇式傢俱》。

圖5－20　清・透雕囍字背太師椅
江蘇鎮江甘露寺藏。

233

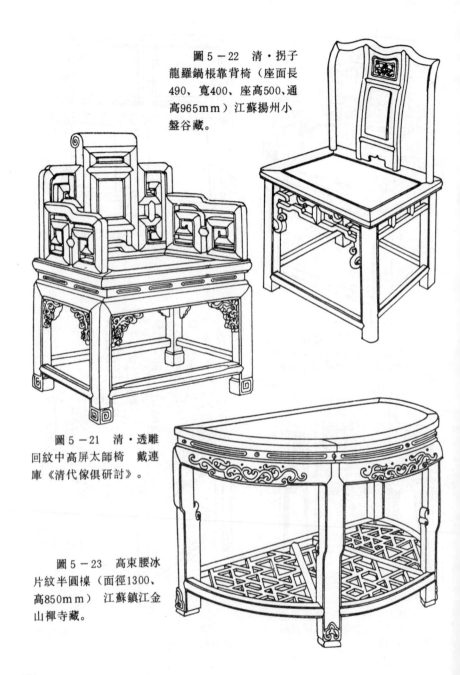

圖5－22 清・拐子龍羅鍋棖靠背椅（座面長490、寬400、座高500、通高965mm）江蘇揚州小盤谷藏。

圖5－21 清・透雕回紋中高屏太師椅 戴連庫《清代傢俱研討》。

圖5－23 高束腰冰片紋半圓棹（面徑1300、高850mm）江蘇鎮江金山禪寺藏。

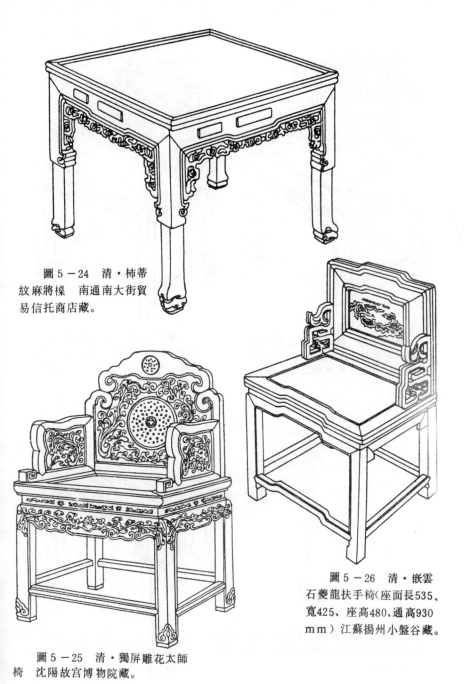

圖5－24　清・柿蒂
紋麻將槕　南通南大街貿
易信托商店藏。

圖5－26　清・嵌雲
石夔龍扶手椅(座面長535、
寬425、座高480、通高930
mm) 江蘇揚州小盤谷藏。

圖5－25　清・獨屏雕花太師
椅　沈陽故宮博物院藏。

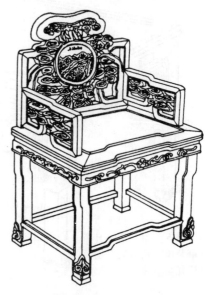

圖5-27 清·透雕福壽如意太師椅（座面長600、寬450、座高510、通高960mm）江蘇鎮江金山禪寺藏。

圖5-28 清·嵌雲石雲紋太師椅（座面長580、寬470、座面高500、通高 1020mm）江蘇鎮江金山禪寺藏。

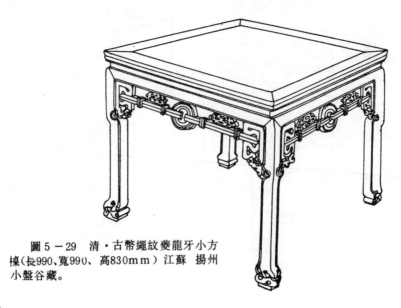

圖5-29 清·古幣繩紋夔龍牙小方槕（長990、寬990、高830mm）江蘇 揚州小盤谷藏。

圖5－30　清・束腰
管脚棖方櫈（長525、寬
525、銅足高55、通高470
ｍｍ）王世襄藏。

圖5－31　清・小燈掛椅（座面長
430、寬370、座高370、通高835ｍｍ）
王世襄藏。

圖5－32　清・小靠背椅（座面
長480、寬440、迪高850ｍｍ）　王世
襄藏。

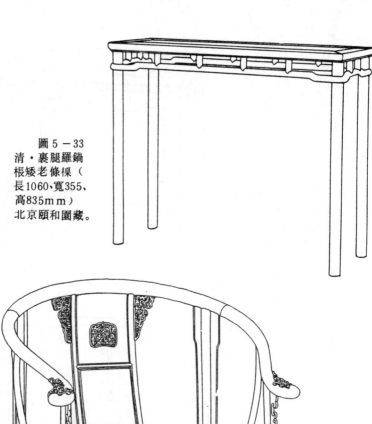

圖5-33
清・裹腿羅鍋
棖矮老條棹（
長1060、寬355、
高835mm）
北京頤和園藏。

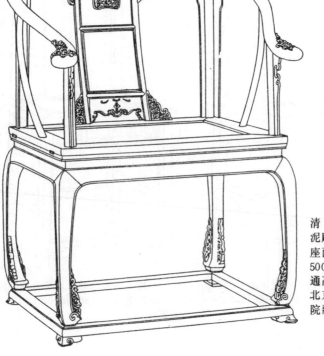

圖5-34
清・束腰帶托
泥雕花圈椅（
座面長630、寬
500、座高490、
通高990mm）
北京故宮博物
院藏。

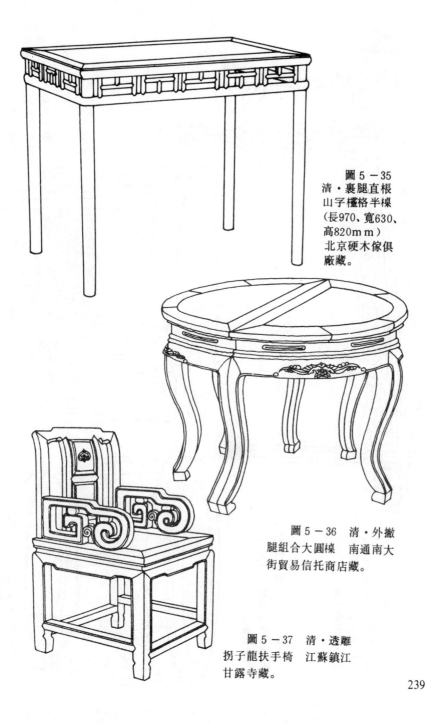

圖5－35
清・裹腿直根
山字欄格半桌
（長970、寬630、
高820ｍｍ）
北京硬木傢俱
廠藏。

圖5－36　清・外撇
腿組合大圓桌　南通南大
街貿易信托商店藏。

圖5－37　清・透雕
拐子龍扶手椅　江蘇鎮江
甘露寺藏。

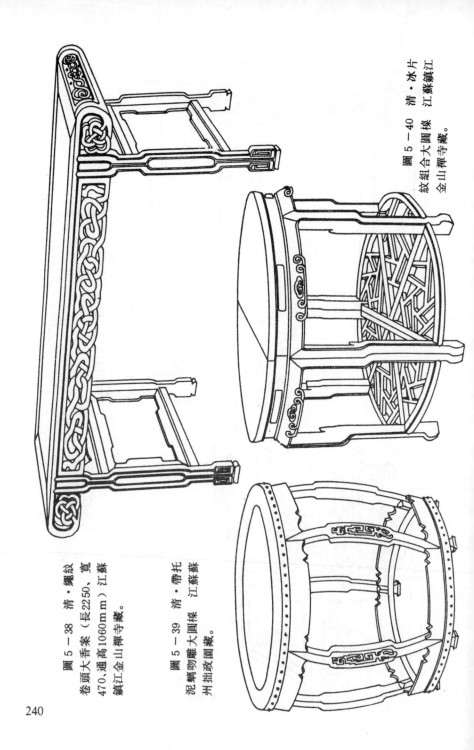

圖 5－40　清・冰片
紋組合大圓棋　江蘇鎮江
金山禪寺藏。

圖 5－38　清・繩紋
卷頭大香案（長2250，
470，通高1060ｍｍ）江蘇
鎮江金山禪寺藏。

圖 5－39　清・鼓托
泥鰍吻雕大圓棋　江蘇蘇
州拙政園藏。

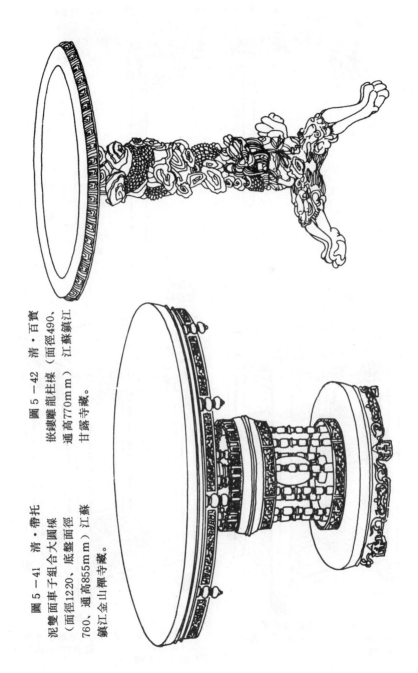

圖 5 ― 42　清・百寶
嵌鏤雕龍柱模（面徑490、
通高770mm）江蘇鎮江
甘露寺藏。

圖 5 ― 41　清・帶托
泥雙面車子組合大圓模
（面徑1220、底盤面徑
760、通高855mm）江蘇
鎮江金山禪寺藏。

圖5-43　清·梅枝雕方棹（長935、寬912、高865mm）　北京故宮博物院藏。

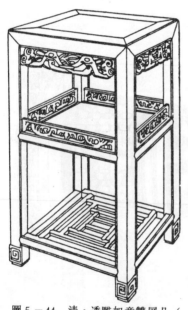

圖5-44　清·透雕如意雙層几（面長455、寬455、高800mm）江蘇鎮江金山禪寺藏。

圖5-45　清·夔龍透雕靈芝圍花几（面長445、寬445、通高770mm）江蘇鎮江金山禪寺藏。

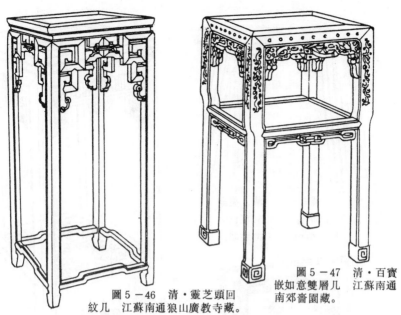

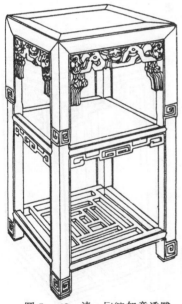

圖5－46　清・靈芝頭回
紋几　江蘇南通狼山廣教寺藏。

圖5－47　清・百寶
嵌如意雙層几　江蘇南通
南郊嗇園藏。

圖5－48　清・回紋如意透雕
几（面長455、寬 455、高800mm）
鎮江金山禪寺藏。

圖5－49　清・透雕如意團花
几（面長445、寬445、高780mm）
江蘇鎮江金山禪寺藏。

243

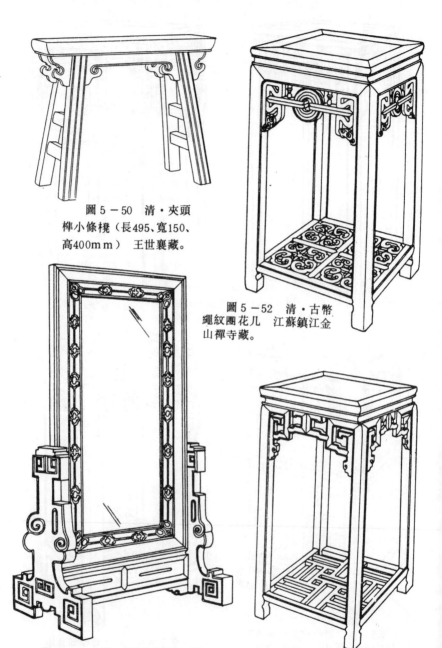

圖5－50　清・夾頭
榫小條橙（長495、寬150、
高400mm）　王世襄藏。

圖5－52　清・古幣
繩紋團花几　江蘇鎮江金
山禪寺藏。

圖5－51　清・回紋座插屏式穿衣
鏡　江蘇南通南郊嗇園藏。

圖5－53　清・拐子龍井口字
花几　江蘇南通紡織博物館藏。

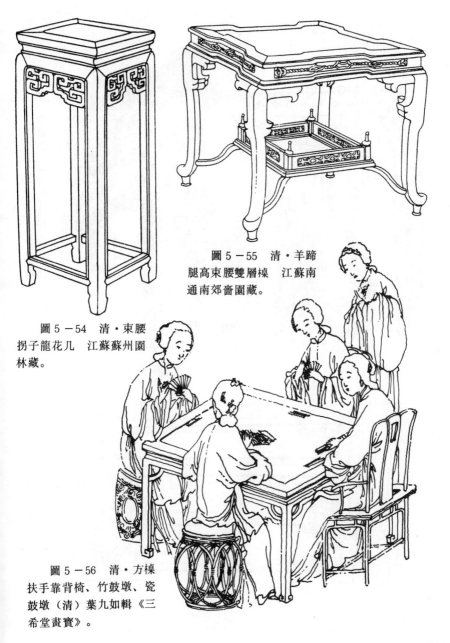

圖 5－54　清·束腰
拐子龍花几　江蘇蘇州園
林藏。

圖 5－55　清·羊蹄
腿高束腰雙層槕　江蘇南
通南郊嗇園藏。

圖 5－56　清·方槕
扶手靠背椅、竹鼓墩、瓷
鼓墩（清）葉九如輯《三
希堂畫寶》。

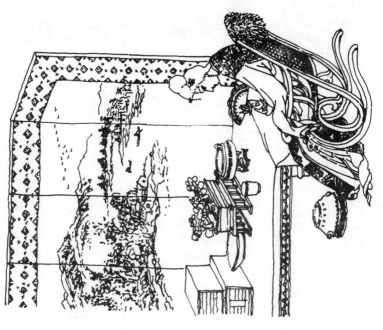

圖 5－58　清·摺屏、大書案、安樂椅 （清）馬
駘繪畫《馬駘畫寶》。

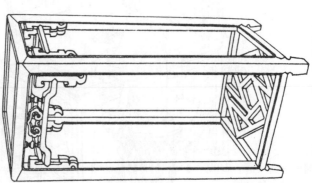

圖 5－57　清·拐子龍冰片
紋花几　江蘇南通通文物商店藏。

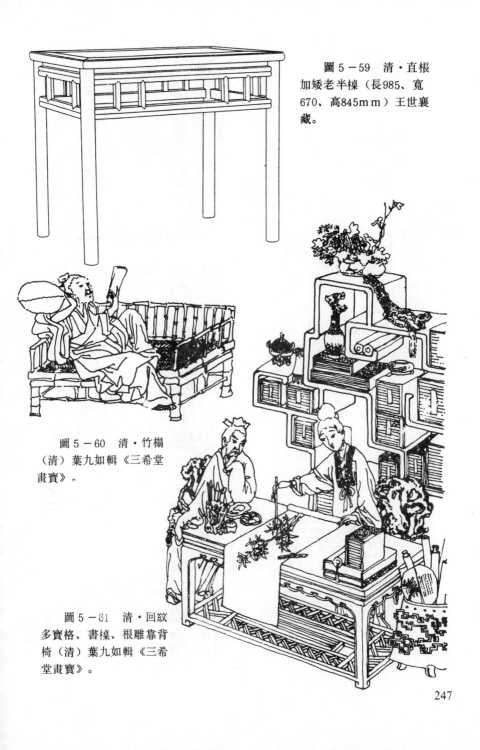

圖 5－59　清・直棖
加矮老半桌（長985、寬
670、高845ｍｍ）王世襄
藏。

圖 5－60　清・竹榻
（清）葉九如輯《三希堂
畫寶》。

圖 5－61　清・回紋
多寶格、書桌、根雕靠背
椅（清）葉九如輯《三希
堂畫寶》。

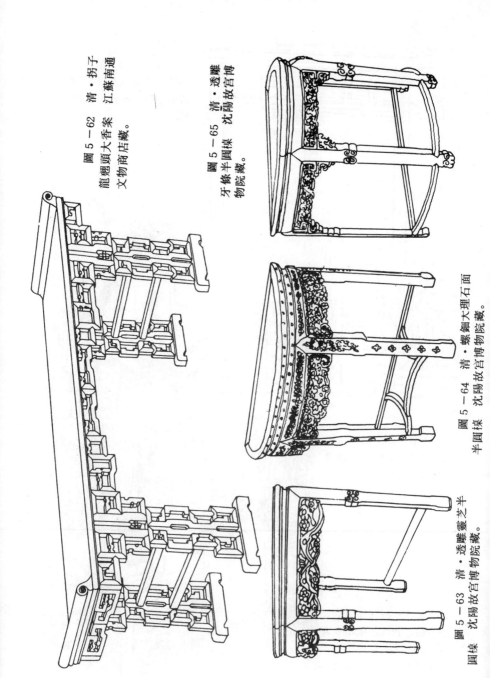

圖 5－62　清・拐子龍翹頭大香案　江蘇南通文物商店藏。

圖 5－65　清・透雕牙條半圓棹　沈陽故宮博物院藏。

圖 5－64　清・螺鈿大理石面半圓棹　沈陽故宮博物院藏。

圖 5－63　清・透雕靈芝半圓棹　沈陽故宮博物院藏。

248

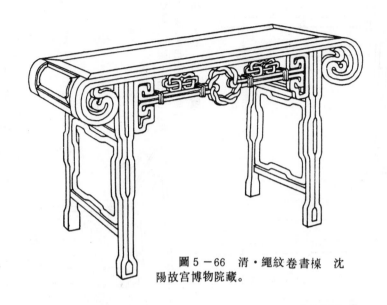

圖5－66　清・繩紋卷書槕　沈陽故宮博物院藏。

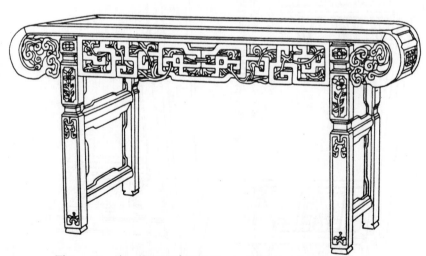

圖5－67　清・龍花拐子卷書槕　江蘇南通南郊嗇園藏。

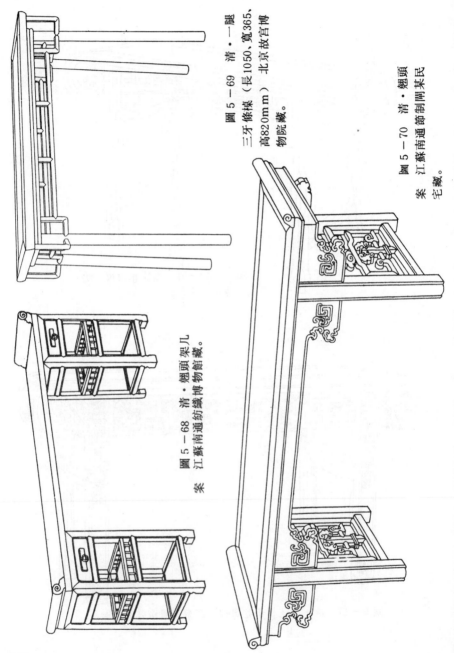

圖 5－69 清・一腿
三牙條棹（長1050、寬365、
高820mm）北京故宮博
物院藏。

圖 5－70 清・翹頭
案 江蘇南通節制南某民
宅藏。

圖 5－68 清・翹頭架几
案 江蘇南通紡織博物館藏。

250

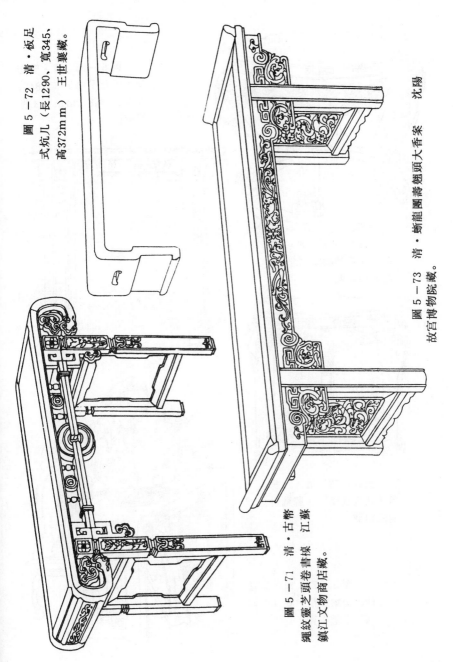

圖5－72　清·板足
式炕几（長1290、寬345、
高372mm）王世襄藏。

圖5－73　清·螭龍團壽翹頭大香案　瀋陽
故宮博物院藏。

圖5－71　清·古髹
繩紋靈芝頭卷書案　江蘇
鎮江文物商店藏。

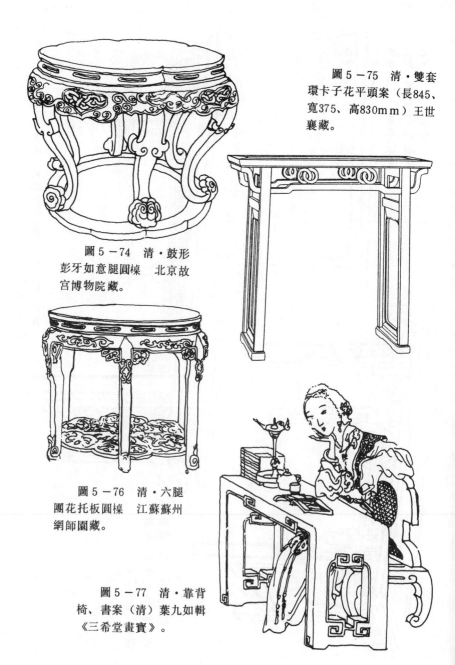

圖5-74　清·鼓形
彭牙如意腿圓櫈　北京故
宮博物院藏。

圖5-75　清·雙套
環卡子花平頭案（長845、
寬375、高830ｍｍ）王世
襄藏。

圖5-76　清·六腿
團花托板圓櫈　江蘇蘇州
網師園藏。

圖5-77　清·靠背
椅、書案（清）葉九如輯
《三希堂畫寶》。

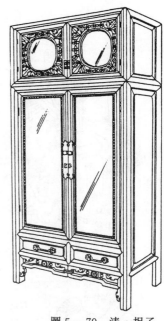

圖5－78　清·三件
櫃　江蘇南通南大街貿易
信托商店藏。

圖5－79　清·拐子
龍兩件櫃　江蘇南通南大
街貿易信托商店藏。

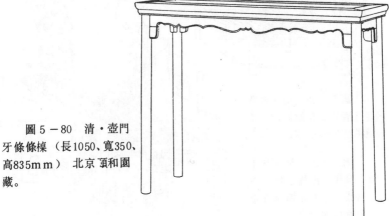

圖5－80　清·壺門
牙條條槕（長1050、寬350、
高835mm）　北京頤和園
藏。

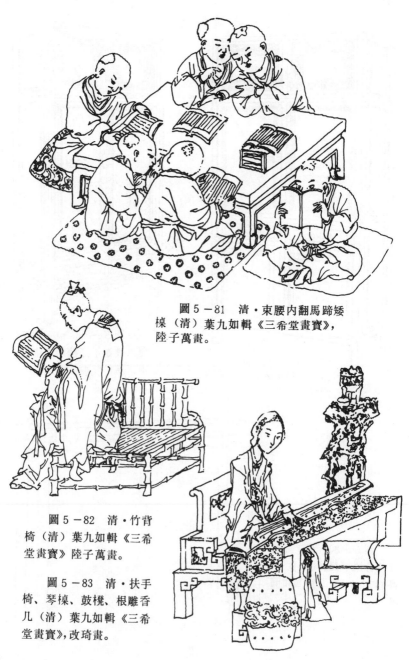

圖 5－81　清・束腰內翻馬蹄矮
榻（清）葉九如輯《三希堂畫寶》，
陸子萬畫。

圖 5－82　清・竹背
椅（清）葉九如輯《三希
堂畫寶》陸子萬畫。

圖 5－83　清・扶手
椅、琴榻、鼓櫈、根雕香
几（清）葉九如輯《三希
堂畫寶》，改琦畫。

圖 5－84　清・古幣
托板圓櫈　江蘇南通南郊
嗇園藏。

圖 5－85　清・雙座
條櫈（清）葉九如輯《三
希堂畫寶》，陸子萬畫。

圖 5－86　清・回紋
魚缸托架、矮竹櫈（清）
葉九如輯《三希堂畫寶》
吳有如畫。

圖 5 - 87　清・小交杌（面支平長475、寬395、
高430mm），楊乃濟藏。

圖 5 - 88　清・上摺式交杌（面支平長560、寬
490、高490mm）天津市藝術博物館藏。

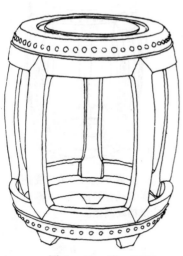

圖 5－89　清·五開
光坐墩（面徑340、腰徑
420、高480ｍｍ），黃冑藏。

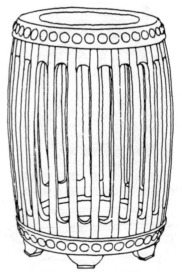

圖 5－90　清·直櫺
式坐墩（面徑290、高470
ｍｍ），北京硬木傢俱廠藏。

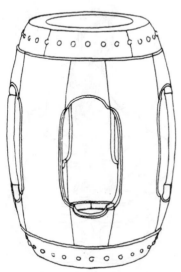

圖 5－91　清·五開
光坐墩（面徑280 、高520
ｍｍ），北京故宮博物院藏。

圖 5－92　清·束腰
瓷面圓橙（面徑410、高
490ｍｍ），北京頤和園藏。

圖 5－93　清・腹透空圓鼓
櫈　許家千《明式與蘇式傢俱》。

圖 5－94　清・夔龍
雕帶托泥腰鼓櫈　江蘇蘇
州拙政園藏。

圖 5－95　清・束腰
管腿根方櫈（長545、寬
545、高520mm），張安藏。

圖 5－96　清・拐子龍藤皮馬機
櫈　江蘇鎮江金山禪寺藏。

圖 5－97　清・六瓣束腰帶托
泥獨座、花几（清）葉九如輯《三
希堂畫寶》，改琦畫。

258

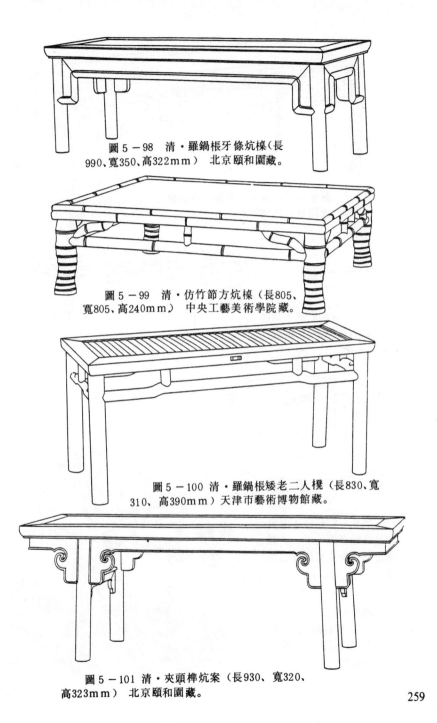

圖 5－98　清・羅鍋根牙條炕檯（長
990、寬350、高322mm）　北京頤和園藏。

圖 5－99　清・仿竹節方炕檯（長805、
寬805、高240mm）　中央工藝美術學院藏。

圖 5－100 清・羅鍋根矮老二人檯（長830、寬
310、高390mm）天津市藝術博物館藏。

圖 5－101 清・夾頭榫炕案（長930、寬320、
高323mm）　北京頤和園藏。

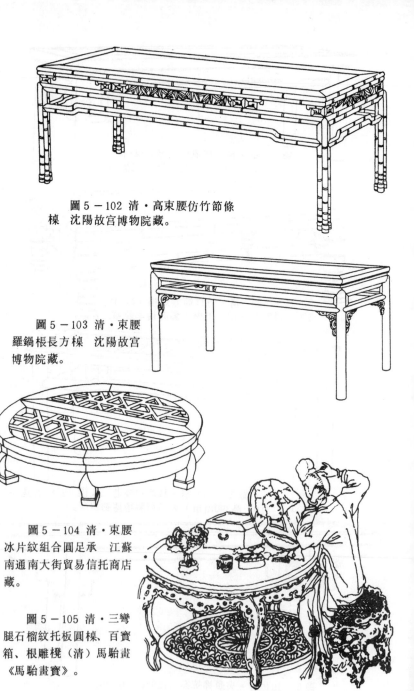

圖5－102 清·高束腰仿竹節條
桌 瀋陽故宮博物院藏。

圖5－103 清·束腰
羅鍋棖長方桌 瀋陽故宮
博物院藏。

圖5－104 清·束腰
冰片紋組合圓足承 江蘇
南通南大街貿易信托商店
藏。

圖5－105 清·三彎
腿石榴紋托板圓桌、百寶
箱、根雕檯（清）馬駘畫
《馬駘畫寶》。

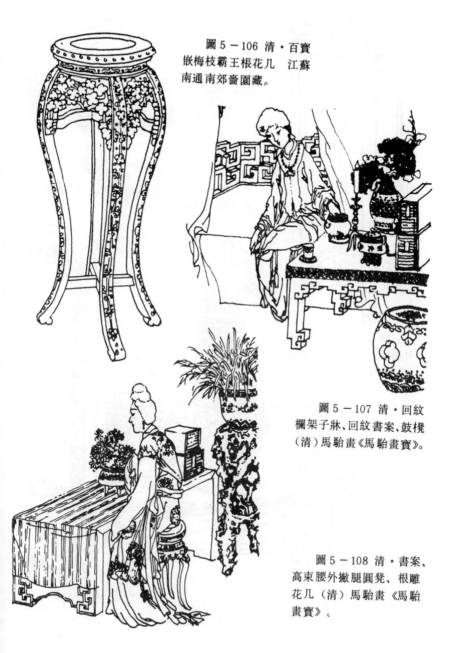

圖5－106 清·百寶
嵌梅枝霸王根花几 江蘇
南通南郊畬園藏。

圖5－107 清·回紋
欄架子牀、回紋書案、鼓櫈
（清）馬駘畫《馬駘畫寶》。

圖5－108 清·書案、
高束腰外撇腿圓凳、根雕
花几（清）馬駘畫《馬駘
畫寶》。

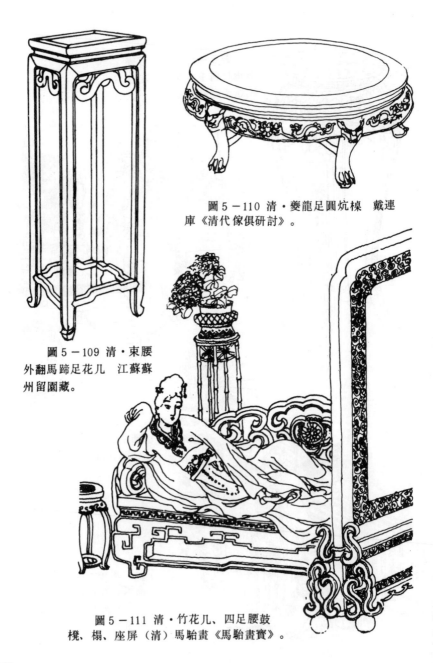

圖5－110 清・夔龍足圓炕槕　戴連
庫《清代傢俱研討》。

圖5－109 清・束腰
外翻馬蹄足花几　江蘇蘇
州留園藏。

圖5－111 清・竹花几、四足腰鼓
櫈、榻、座屏（清）馬駘畫《馬駘畫寶》。

圖 5－112 清・竹背
椅、條案（清）葉九如輯
《三希堂畫寶》，錢慧安畫。

圖 5－113 清・回紋欄龍抓珠羅
漢牀、足承、炕几（清）馬駘畫《馬駘
畫寶》。

圖 5－114 清・拐子龍回紋榻（清）葉
九如輯《三希堂畫寶》，吳有如畫。

圖 5－115 清・根雕
書棹（清）馬駘畫《馬駘
畫寶》。

圖5－116 清・書卷
頭石榻（清）馬駘畫《馬
駘畫寶》。

圖5－117 清・帶托
泥矮棹（清）馬駘畫《馬
駘畫寶》。

圖5－118
清・榻、鶴燭臺
（清）馬駘畫《
馬駘畫寶》。

264

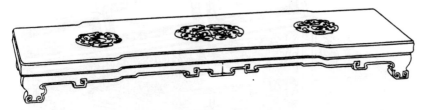

圖 5－119 清・束腰螺鈿脚踏殘件（長1170、
寬380、高1150mm） 王世襄藏。

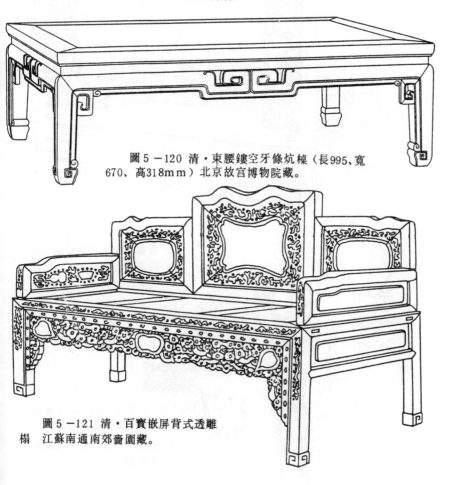

圖 5－120 清・束腰鏤空牙條炕棍（長995、寬
670、高318mm）北京故宮博物院藏。

圖 5－121 清・百寶嵌屏背式透雕
榻　江蘇南通南郊嗇園藏。

圖5－122 清・透雕
天地長春花罩架子牀　江
蘇南通南大街貿易信托商
店藏。

圖5－123 清・藤皮
羅鍋根矮老榻、鼓架（清）
葉九如輯《三希堂畫寶》，
吳有如畫。

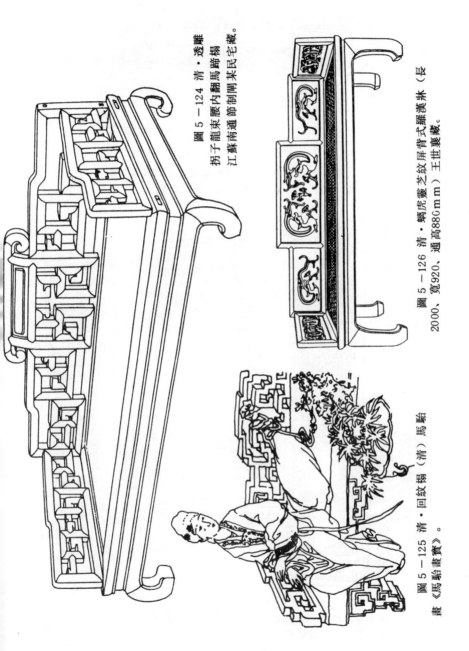

圖 5−124 清・透雕
拐子龍束腰內翻馬蹄制閘榻
江蘇南通節某民宅藏。

圖 5−126 清・螭虎靈芝紋屏背式羅漢牀（長
2000、寬920、通高880ｍｍ）王世襄藏。

圖 5−125 清・回紋榻 （清）馬駘
畫《馬駘畫寶》。

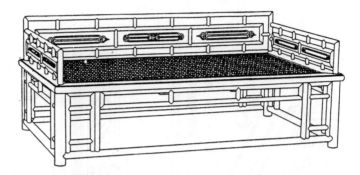

圖5－127 清・三屏風條環板圍子羅漢牀（長
2160、寬1300、通高850 m m）王世襄藏。

圖5－128 清・嵌雲石炕罩式架子牀　江蘇南
通南大街貿易信托商店藏。

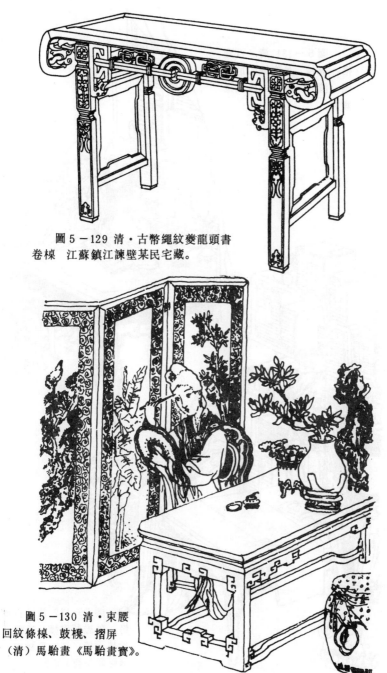

圖5－129 清・古幣繩紋夔龍頭書
卷橐 江蘇鎮江諫壁某民宅藏。

圖5－130 清・束腰
回紋條橐、鼓檯、摺屏
（清）馬駘畫《馬駘畫寶》。

圖5－131 清・百寶
格、書桌、外撇腿四足圓
杌（清）馬駘畫《馬駘畫
寶》。

圖5－132 清・百寶
格、外撇腿書桌、透雕套
環扶手椅（清）馬駘畫
《馬駘畫寶》。

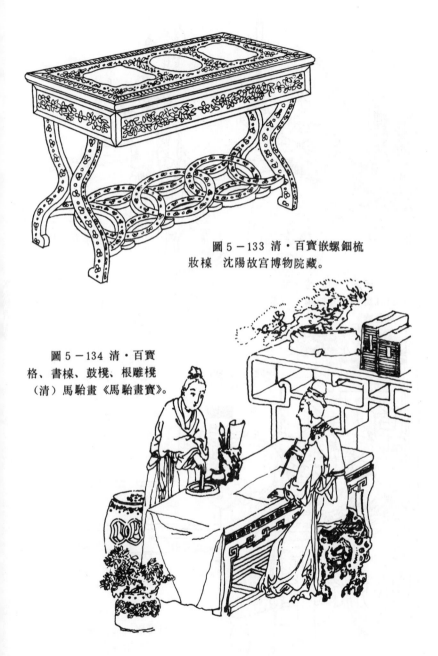

圖 5－133 清・百寶嵌螺鈿梳
妝棹 瀋陽故宮博物院藏。

圖 5－134 清・百寶
格、書棹、鼓凳、根雕橙
（清）馬駘畫《馬駘畫寶》。

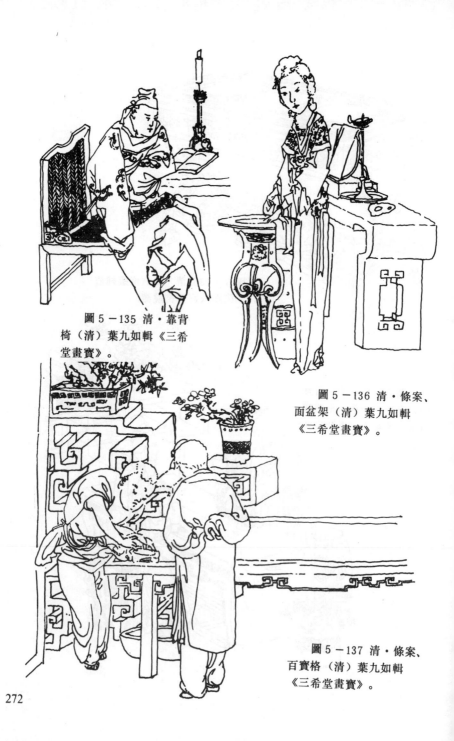

圖５－135　清·靠背
椅（清）葉九如輯《三希
堂畫寶》。

圖５－136　清·條案、
面盆架（清）葉九如輯
《三希堂畫寶》。

圖５－137　清·條案、
百寶格（清）葉九如輯
《三希堂畫寶》。

圖5－138 清·條棏、圓墩（清）王芸階畫《增刻紅樓夢圖咏》。

圖5－139 清·扶手靠背椅（清）王芸階畫《增刻紅樓夢圖咏》。

圖5－140 清·榻、方橙（清）王芸階畫《增刻紅樓夢圖咏》。

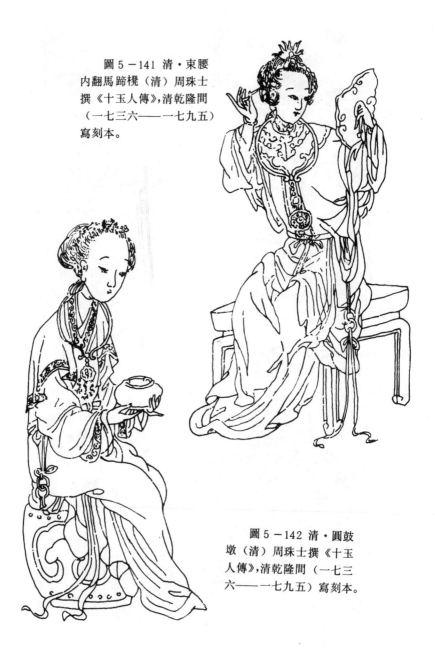

圖5－141 清・束腰
內翻馬蹄櫈（清）周珠士
撰《十玉人傳》,清乾隆間
（一七三六——一七九五）
寫刻本。

圖5－142 清・圓鼓
墩（清）周珠士撰《十玉
人傳》,清乾隆間（一七三
六——一七九五）寫刻本。

圖5-143　清・草卷
紋雕花靠背椅

圖5-144　清・嵌雲
石雕花龍爪太師椅、　龍爪
雙層單屜花几

275

圖5-145　清・十一屈草卷紋角炕案　北京
故宮博物院藏。

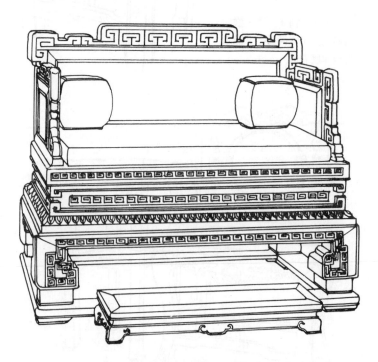

圖5-146　清・蟠龍背回型紋寶座　北京故
宮博物院藏。

圖 5 −147　清 ·"黃教"宗喀巴像
座　北京故宮博物院藏。

圖5－148　清·御用蟠龍寶座　《聖祖仁皇
帝朝服像》,北京故宮博物院藏。

圖 5－149　清・太
后鸞鳳寶座　《孝莊文皇
后朝服像》，北京故宮博
物院藏。

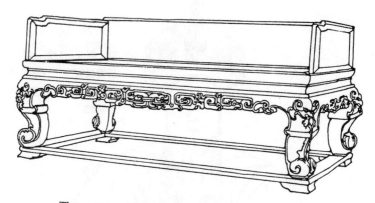

圖5－150　　清·帶托泥雙龍足大几牀

圖5－151　　清·繩紋連環套八仙桌　北京故宮博物院藏。

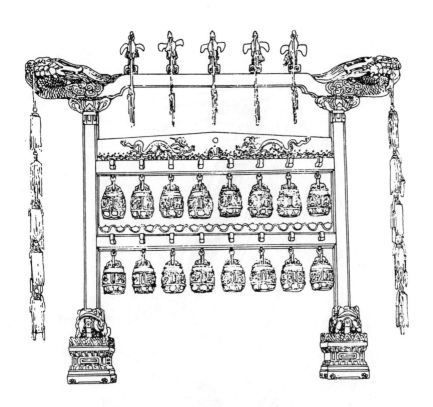

圖 5 -152　清・編鐘架　北京故宮博物院藏。

圖 5 -153　清・回型紋長條案　北京故宮博物院藏。

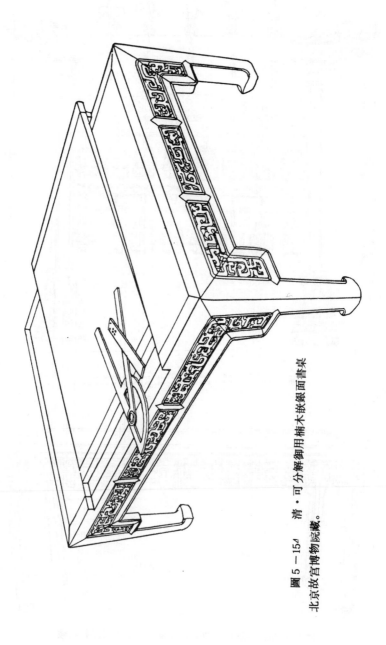

圖 5 −15⁴　清・可分解御用楠木嵌銀面書桌
北京故宮博物院藏。

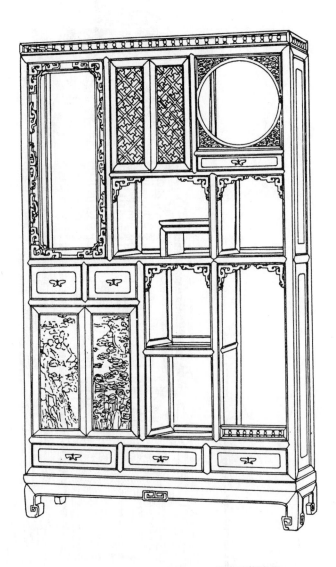

圖 5-155　清・多寶格　北京故宮博物院藏。

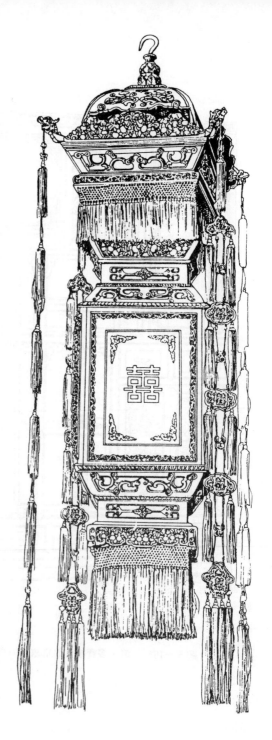

圖 5 −156
清・御用喜字宮
燈　北京故宮博
物院藏。

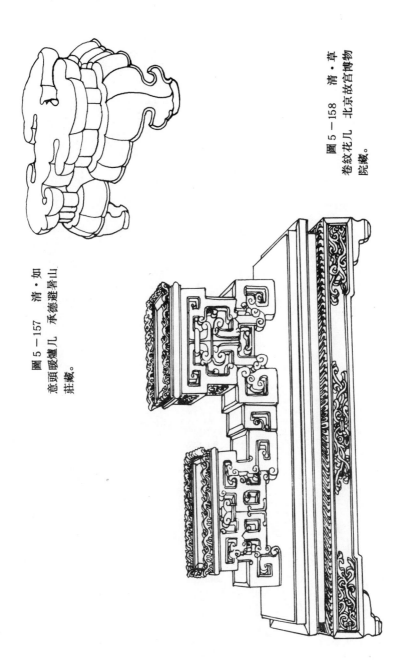

圖 5－158　清・草
卷紋花儿　北京故宮博物
院藏。

285

近代時期的家具

十九世紀上半葉，清朝後期的政治十分腐敗，土地兼併嚴重，階級矛盾日趨尖銳。同時閉關鎖國與固步自封的政策，致使中國的經濟與科技衰弱日甚一日。與此相反，世界資本主義却正處於興盛時期，經濟發展很快，競相擴大海外市場，爭奪殖民地。公元1840年終於爆發了鴉片戰爭。清朝失敗後，一方面外國侵略勢力紛至沓來，海禁大門被帝國主義列强的炮火打開，使中國的政治、文化、經濟等遭受嚴重入侵；另一方面，外來的先進科學與技術對我國政治和經濟也產生了極大影響。西方各種風格流派的傢具也不斷進入我國，最初是從大商埠開始，首先受文化復興時期，一種廣泛應用曲線與直線，和突出强調鮮明層次起伏的傢具影響，在近代早期傢具中，大量吸收旋木半柱和帶有對稱曲線雕飾的遮檐裝飾製作櫥櫃；床的主體支架上也開始應用浮刻着渦卷紋和平齒凹槽的立柱；應用拱圓線脚裝飾門面，螺紋、蛋形紋作台面端部點綴。但大多形製都没有完全的效仿，很多重點裝飾的雕鏤仍然是中國傳統的瑞慶紋樣。盛
　　此後，歐洲十七世紀興起的巴羅克式、洛可可式、帝政式等風格的傢具及十八世紀流行的拜德邁亞式和維多利亞式傢具的風格，對近代傢具發展也都起有不同程度的影響。沿海大、中城市的木作匠人，爲順應以機械化生産替代民間手工製作傢具的潮流，潛心鑽研並掌握了這一技術，再融合傳統的形和技藝，使中西結合形式的傢具在中國得以慢延開來。

6. Furniture of Modern Times

In the first half of the 19th century, the politics of the Qing Dynasty was corrupt to the core. The annexation of land was widespread, and the contradictions between classes became ever sharper. At the same time, the closed door policy caused Chinese science and economy to decline day by day. Meanwhile, world capitalism was rising. Economies developed rapidly, and competed with each other for enlarging overseas markets and scrambling for colonies. In 1840, the Opium War broke out. When the Qing Dynasty was defeated, foreign invaders poured into China, making incursions into its politics, culture, and economy. The closed door was opened by the imperialists' gunfire. On the other hand, the advanced science and technology of the West had a great impact on China's politics and economy. Various types of Western furniture of different styles came into China. At first, under the influence of Renaissance furniture, with its broad use of straight and curved lines and distinct gradations, the closet having columns and eaves with symmetrical curvilinear carvings appeared. The main stands of the bed were carved with whirling lines, and the facade was decorated with arch lines, spirals, and egg-shaped lines. However, not all the manufacturing skills were imitated. Many of the decorations were still traditional auspicious Chinese patterns.

Later, all the European baroque and rococo furniture which had risen in the 17th century as well as Victorian furniture popular in the 18th century, had varying degrees of impact on the development of modern furniture. Craftrsmen of coastal cities concentrated on these skills in order to cope with the trend of handicrafts being replaced by mechanized production. Still, they mixed traditional skills and styles with those of Western furniture, and spread furniture with mixed Chinese and Western Styles in China.

圖 6－1　近·車腿花板梳妝槕　江蘇南通南大
街貿易信托商店藏。

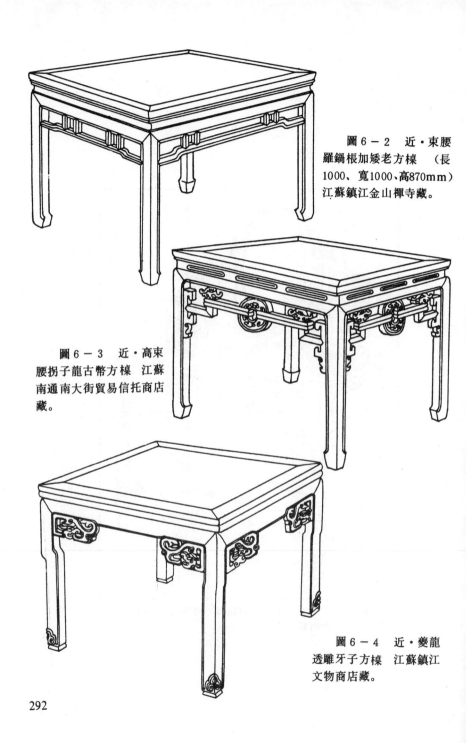

圖6－2　近·束腰羅鍋棖加矮老方棹　（長1000、寬1000、高870mm）江蘇鎮江金山禪寺藏。

圖6－3　近·高束腰拐子龍古幣方棹　江蘇南通南大街貿易信托商店藏。

圖6－4　近·夔龍透雕牙子方棹　江蘇鎮江文物商店藏。

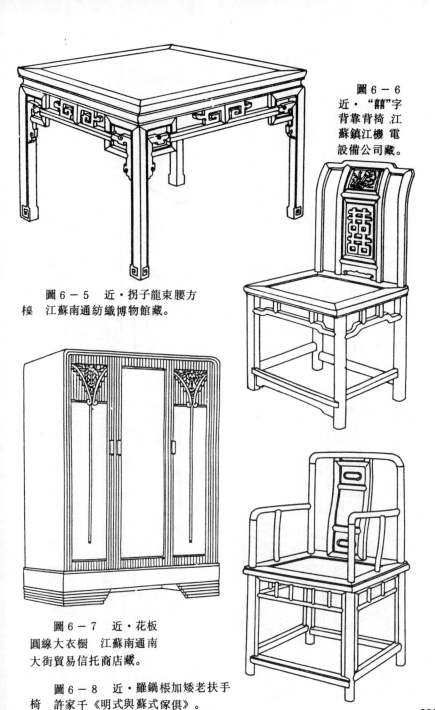

圖 6 - 6
近・"囍"字
背靠背椅　江
蘇鎮江機 電
設備公司藏。

圖 6 - 5　近・拐子龍束腰方
槕　江蘇南通紡織博物館藏。

圖 6 - 7　近・花板
圓線大衣櫥　江蘇南通南
大街貿易信托商店藏。

圖 6 - 8　近・羅鍋棖加矮老扶手
椅　許家千《明式與蘇式傢俱》。

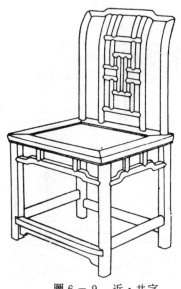

圖6－9　近·井字
背靠背椅　江蘇鎮江機電
設備公司藏。

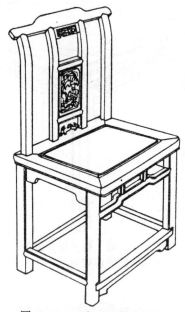

圖6－10　近·四季平安花板靠
背椅　江蘇鎮江金山禪寺藏。

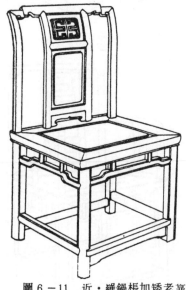

圖6－11　近·羅鍋棖加矮老靠
背椅　江蘇鎮江金山禪寺藏。

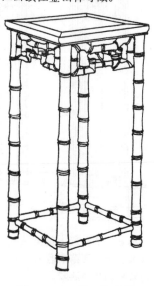

圖6－12　近·仿竹節回紋
花几　江蘇鎮江南郊某民宅藏。

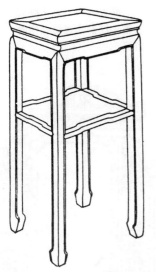

圖 6－13 近・雙層面内翻馬
蹄花几 江蘇南通紡織博物館藏。

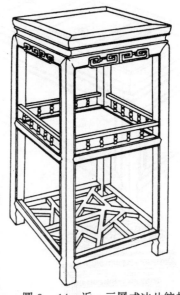

圖 6－14 近・三層式冰片紋托
泥花几 江蘇南通紡織博物院藏。

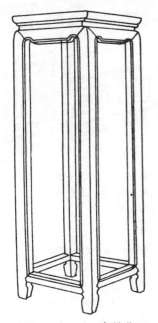

圖 6－15 近・高足花
几 江蘇南通南郊薔園藏。

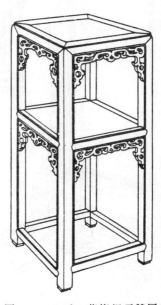

圖 6－16 近・草龍拐子雙層花
几 江蘇鎮江金山禪寺藏。

圖6－17　近·臥式
衣箱　江蘇南通紡織博物
館藏。

圖6－19　近·寶珠
邊車掛梳妝臺　江蘇鎮江
金山禪寺藏。

圖6－18　近·鏤雕
繩紋穿衣鏡（長710、寬500、
花柱球頂高1490、通高
2245mm）江蘇鎮江金山
禪寺藏。

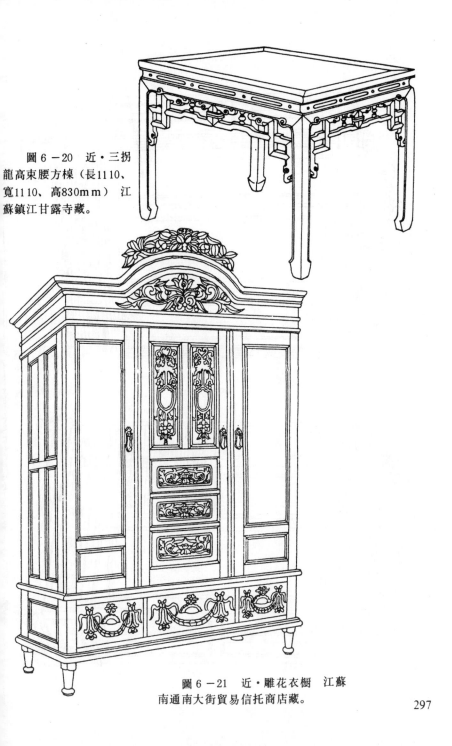

圖 6-20　近・三拐龍高束腰方棹（長1110、寬1110、高830mm）　江蘇鎮江甘露寺藏。

圖 6-21　近・雕花衣櫥　江蘇南通南大街貿易信托商店藏。

圖 6－23　近・草花拐子十大櫃　汀蓉

圖 6－22　近・夔龍足雕花衣櫥

圖 6－24
近・夔龍足
草花雕弧屜大
衣櫥 江蘇南
通南大街貿易
信托商店藏。

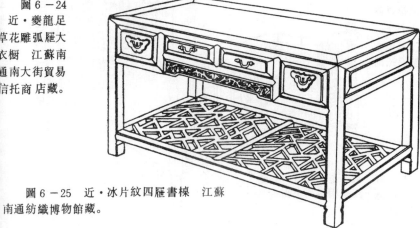

圖 6－25 近・冰片紋四屜書楳 江蘇
南通紡織博物館藏。

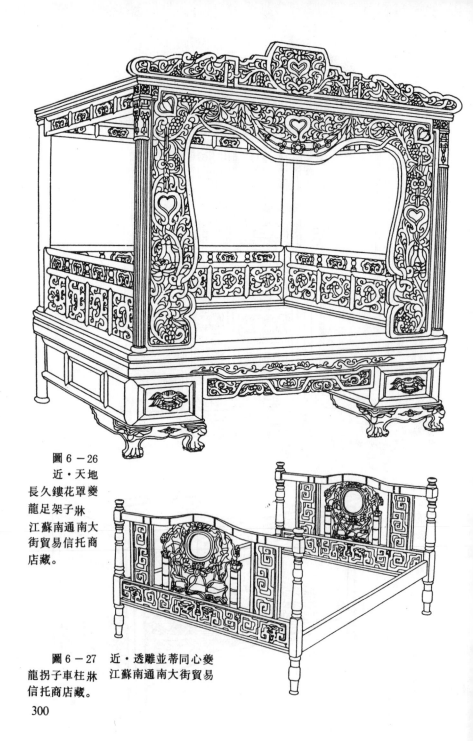

圖 6 － 26
近・天地
長久鏤花罩夔
龍足架子牀
江蘇南通南大
街貿易信托商
店藏。

圖 6 － 27　　近・透雕並蒂同心夔
龍拐子車柱牀　江蘇南通南大街貿易
信托商店藏。　　信托商店藏。

300

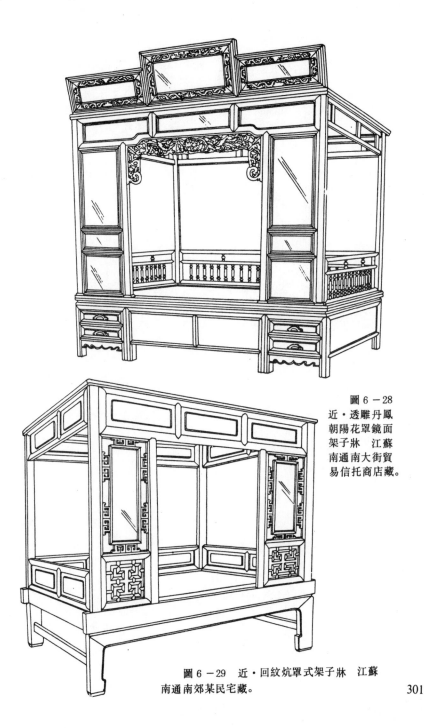

圖 6－28
近・透雕丹鳳
朝陽花罩鏡面
架子牀　江蘇
南通南大街貿
易信托商店藏。

圖 6－29　近・回紋炕罩式架子牀　江蘇
南通南郊某民宅藏。

301

明清時期五金裝飾件與榫卯構造

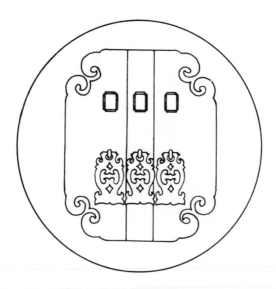

圖 7－1 三屜矮櫃鎖插門拉手

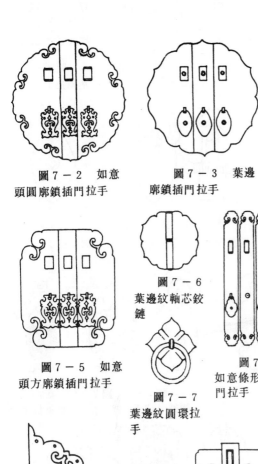

圖7-2 如意
頭圓廓鎖插門拉手

圖7-3 葉邊
廓鎖插門拉手

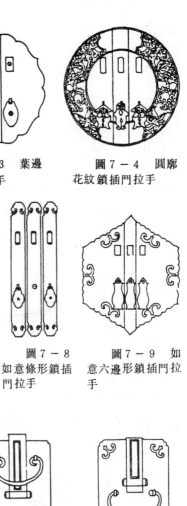

圖7-4 圓廓
花紋鎖插門拉手

圖7-5 如意
頭方廓鎖插門拉手

圖7-6
葉邊紋軸芯鉸
鏈

圖7-7
葉邊紋圓環拉
手

圖7-8
如意條形鎖插
門拉手

圖7-9 如
意六邊形鎖插門拉
手

圖7-10
葉邊紋箱角

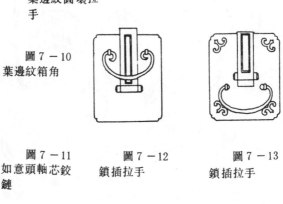

圖7-11
如意頭軸芯鉸
鏈

圖7-12
鎖插拉手

圖7-13
鎖插拉手

圖 7－14　　　　圖 7－15　　　　圖 7－16　　　　圖 7－17
方菱拉手　　　　腰圓拉手　　　　花瓣拉手　　　　葉瓣拉手

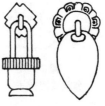

　圖 7－18　圖 7－19　　　　　圖 7－20　圖 7－21　　　　圖 7－22
葉瓣方拉手　圓齒瓶拉手　　　花籃拉手　心花拉手　　　　圓菱拉手

　圖 7－23　圖 7－24　圖 7－25　　　　圖 7－27　圖 7－28　圖 7－29
花瓶拉手　葫蘆拉手　箭頭拉手　　　腰鼓形拉手　繩紋拉手　雙魚拉手

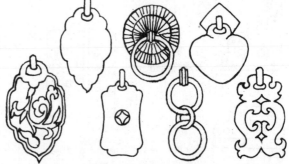

　圖 7－26　　　　　圖 7－30　圖 7－31　圖 7－32　圖 7－33　圖 7－34
雙魚花心拉手　　　圖 7－35　圖 7－36　葉面拉手　圓環拉手　鬮心拉手
　　　　　　　　　葉莖花拉手　菱芯花拉　套環拉手　夔龍拉手

306

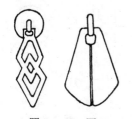  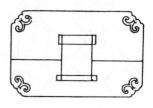

圖 7－37　圖 7－38　　　　圖 7－39　圓形　　　　圖 7－40　角花方形
雙菱拉手　菱夾拉手　　　如意紋箱鎖插　　　　箱鎖插

 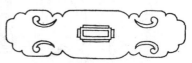

圖 7－41　圖 7－42　蝴蝶　　圖 7－43　　　　圖 7－44　如意花鎖插
花鉸鏈　四芯花包角　　圓軸芯鉸鏈

圖 7－45　　　　圖 7－46　　　　圖 7－47　　　　圖 7－48　如意紋箱包角
如意花箱包角　　凸邊鉸鏈　　　蝶結鉸鏈

圖 7－49　　　　圖 7－50　　　　圖 7－51　　　　圖 7－52
回紋拉手　　　夔龍紋拉手　　　雙菱拉手　　　夔龍團壽拉手

圖 7－53　　　　圖 7－54　　　　圖 7－55　　　　圖 7－56
方齒拉手　　　光圓拉手　　　葉莖拉手　　　葉莖拉手

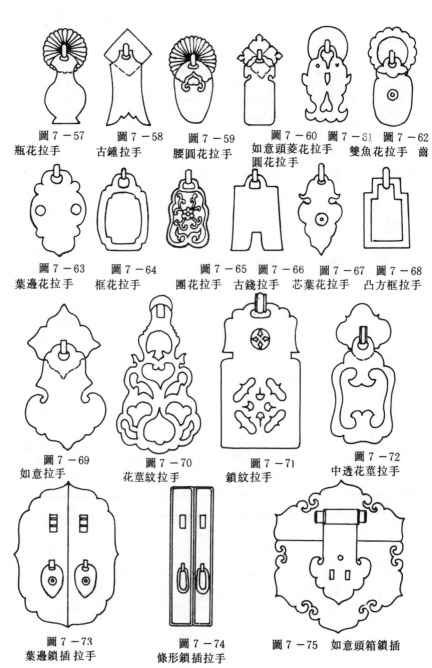

圖 7－57　圖 7－58　圖 7－59　　　　圖 7－60　圖 7－61　圖 7－62
瓶花拉手　古鍾拉手　腰圓花拉手　如意頭菱花拉手　雙魚花拉手　齒
　　　　　　　　　　　　　　　圓花拉手

圖 7－63　圖 7－64　　圖 7－65　圖 7－66　圖 7－67　圖 7－68
葉邊花拉手　框花拉手　團花拉手　古錢拉手　芯葉花拉手　凸方框拉手

圖 7－69　　　圖 7－70　　圖 7－71　　圖 7－72
如意拉手　花莖紋拉手　鎖紋拉手　中透花莖拉手

圖 7－73　　圖 7－74　　圖 7－75　如意頭箱鎖插
葉邊鎖插拉手　條形鎖插拉手

308

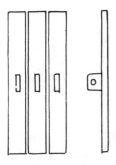

圖 7－76 條形鎖插

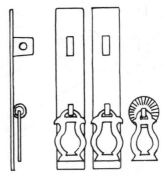

圖 7－77 條形瓶花
鎖插拉手

圖 7－78 如意
頭軸芯拉手

圖 7--79 四瓣
式鎖插拉手

圖 7－80
矩形鎖插拉手

圖 7－81
如意團花箱鎖
插

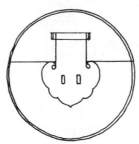

圖 7－82
光圓葉面花箱
鎖插

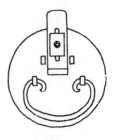

圖 7－83
光圓鎖插拉手

309

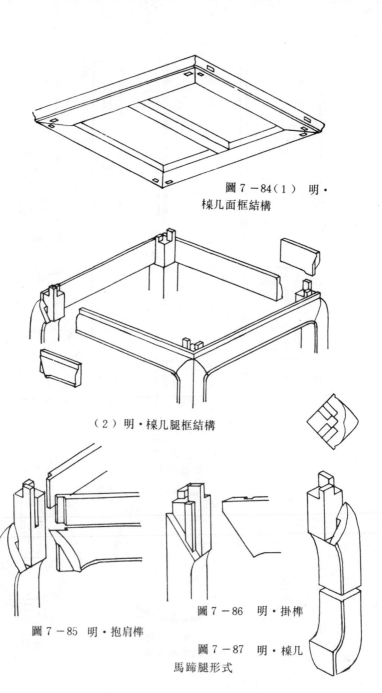

圖 7 -84（1） 明·
榠几面框結構

（2） 明·榠几腿框結構

圖 7 -85 明·抱肩榫

圖 7 -86 明·掛榫

圖 7 -87 明·榠几
馬蹄腿形式

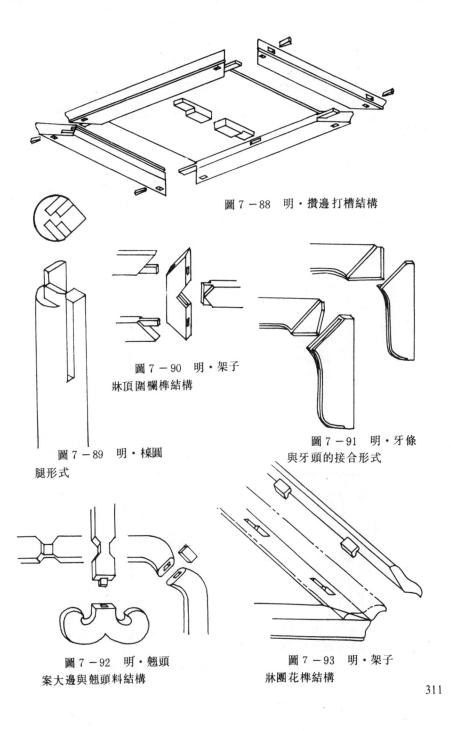

圖 7－88　明・攢邊打槽結構

圖 7－90　明・架子
牀頂圍欄榫結構

圖 7－89　明・楳圓
腿形式

圖 7－91　明・牙條
與牙頭的接合形式

圖 7－92　明・翹頭
案大邊與翹頭料結構

圖 7－93　明・架子
牀團花榫結構

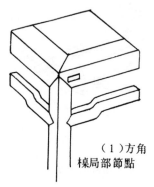

（1）方角
棹局部節點

圖 7－94　明・方角
棹榫結構

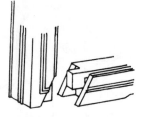

圖 7－95　明・雙斜
肩割角榫

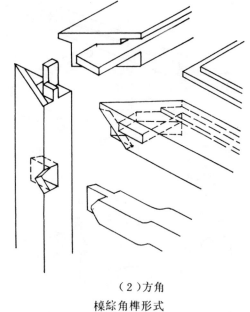

（2）方角
棹綜角榫形式

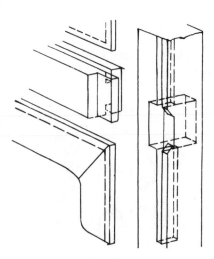

圖 7－96　明・立櫥
底根、牙條牙頭與櫥腿結
構

圖 7－97　明・案腿夾頭榫

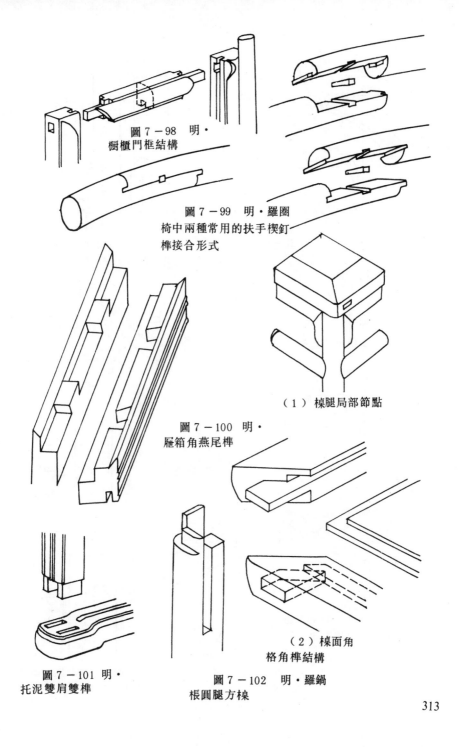

圖 7－98　明・
櫥櫃門框結構

圖 7－99　明・羅圈
椅中兩種常用的扶手楔釘
榫接合形式

（1）橉腿局部節點

圖 7－100　明・
屉箱角燕尾榫

（2）橉面角
格角榫結構

圖 7－101　明・
托泥雙肩雙榫

圖 7－102　明・羅鍋
根圓腿方橉

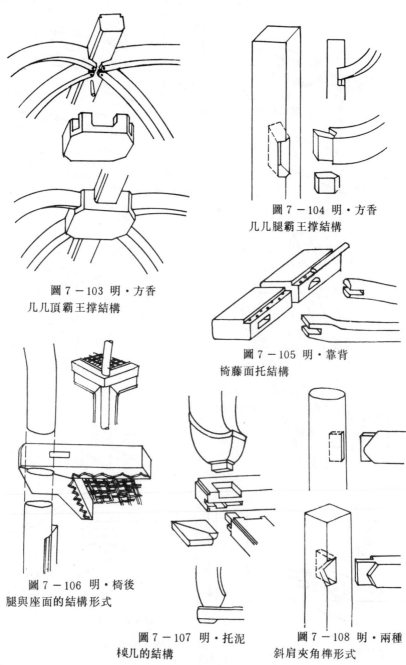

圖7－103　明·方香
几几頂霸王撐結構

圖7－104　明·方香
几几腿霸王撐結構

圖7－105　明·靠背
椅藤面托結構

圖7－106　明·椅後
腿與座面的結構形式

圖7－107　明·托泥
楥几的結構

圖7－108　明·兩種
斜肩夾角榫形式

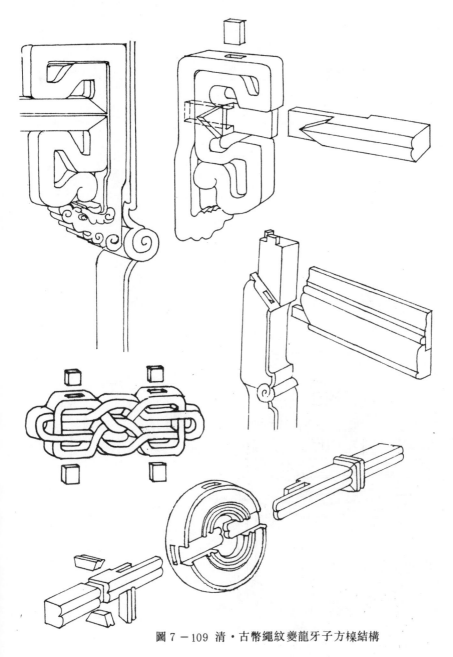

圖 7 - 109 清・古幣繩紋夔龍牙子方槕結構

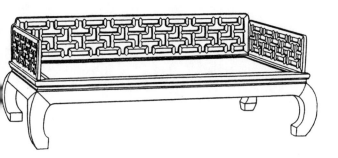

編後

　　記得偶然一次，有位搞園林傢具制作的朋友，說我搞了十幾年的傢具設計，手頭肯定積累了些有關中國歷代傢具造型的資料，想索借一閱。但我翻遍書架亦無多少收穫，唯有向朋友抱歉了。

　　以後，我又陸續聽到一些美術工作者、建築室內設計人員以及從事工藝雕刻制作和傢具設計的同道亦普遍反應，手頭缺少一本能較系統地介紹中國歷代傢具造型的參考書，設計需用時頗感不便。打那時，我便逐漸開始留心這方面資料的收集工作。

　　去年初春，我國有關書稿的事情，有機會與江蘇美術出版社胡博綜與高雲兩位先生接觸，論及此事，却得到他們的支持，認爲是個好選題，並希望我能在一年左右的時間裏盡快收集整理編繪出書，取名《中國歷代傢具圖錄大全》。

　　時間短，篇幅大，要這樣快速地編繪好一本書，其勞動量和難度是可想而知的了。

　　首先，必須測覽各種有關中國古代繪畫、壁畫及其它有關的文物、傢具等專業期刊資料。在浩如烟海的中國古代繪畫與出土文物裏去搜尋；從現今各種有關專業的刊物與書籍中去發現；還要深入遍布各地的園林、宮廷、古玩店及民居收藏的實物中去測繪。然而面對如此大量的工作，繁多的實例和浩瀚的資料，縱能極盡畢生精力，亦難以將其精華一一收入本册，又何況此乃是業餘時間所作。但强烈的責任感和事業心又驅使着我，祇有在其所能的範圍內爬梳剔挾，斟酌取舍了。

　　其次，由於本書是旨在向有關設計人員提供一本專業工具書性質的圖册，所以，對書中每一件傢具（除從古典繪畫、壁畫中收集的資料外）圖稿的質量要求甚高，不僅需要從視覺藝術的角度上來表現好古典傢具的形象；還要求在專業技術的領域裏，將其結點部位每一個細微的接合方式以及局部鏤花、浮雕和鑲嵌的圖案形式，亦能得到較清晰的體現。故這又是全書需花勞動量最大的一部份。但每當我一想到所流汗水將能換得廣大讀者在今後設計工作上的便利，換得對我國民族傢具在精湛的工藝結構，優美的造型藝術以及深刻的裝飾寓意和含蓄高尚的民族意識上有所領會，那我這般的勞動花得值得，所吃辛苦亦是很有意義的。

這本書基本上是按照我國各個歷史時期的先後順序編繪的。原擬將每一時期的傢具獨立成章，由於現今所能收集到的前期與過渡時期有關古典傢具的造型資料有限，祇能將商、周、戰國與漢代、三國時期的傢具合併成章，附圖52幅；將兩晉、南北朝與隋唐、五代時期的傢具合併成章，附圖108幅；後期將宋代、遼代、金代與元代時期的傢具合併成章，附圖75幅；明代時期的傢具附圖423幅、清代時期的傢具附圖158幅、近代時期的傢具附圖29幅各獨立成章；加之明、清時期的五金裝飾件與榫卯構造圖111幅，共七章，合計附圖956幅約千餘件古典傢具。

爲了方便讀者在今後作進一步的研究探索，書中所列各時期的傢具，均按編號、朝代、傢具名稱（規格）和出處（藏者或文章作者、題目）的順序進行逐圖加注，而有些時期如清代、近代時期的傢具圖例大部份則是我去現場實地測繪收集的。制作時間是根據用材、結構及造型裝飾圖案的形式綜合分析而定。

書中對於每一個時期的傢具分類，原則上以坐具、幾案、櫥櫃、床榻、台架、屏座六大類的先後排列，但由於受本書版式以及從古典繪畫中收集的資料內容限制，有些時期的篇章則是按自由形式編排的。

中國歷代傢具的造型藝術是隨着時代推進而不斷創造發展的，其演變過程也是一個繼承和發展的過程。作爲社會物質文化的一部份，它不同程度地反映着每一個時期，國家與民族的歷史特點和文化傳統。中國歷代傢具雖經幾千年的衍變，但始終能保持有獨具特色的民族風格，作爲東方傢具的傑出代表，在世界傢具體系中享有盛譽。一方面它不斷引起中外專家、學者的關注，理論研究成就卓越，果碩累累；另一方面對各時期古典傢具造型資料的系統收集與整理都屬開始。如何繼承民族傢具傳統，發揚創造中國風格的新型傢具，仍是目前和今後設計領域必須研究探索的新課題。由此，編繪出版中國歷代傳統傢具造型的工具性圖冊，對弘揚中國傳統傢具精湛的技藝、體量適度的形貌，促進開發和研究中國民間傢具藝術風格以及增進現代傢具設計與創造，從豐富多彩的古代藝術中汲取營養均不無裨益。我願以此書作爲拋磚引玉，亦希望能有同道志士添磚加瓦，爲今後再版作更好的補充和修改。

　　在本序行將結束之際，須再次說明的是，囿於時間短促，更由於受條件環境及能力所限，盡管主觀上已極盡努力，脚踏實地的付出了繁重的勞動，但客觀上仍一定存在有不足和錯誤之處，懇請讀者批評指正。

　　最後，我要感謝江蘇美術出版社的高雲編輯和鎮江市圖書館肖平珍女士爲本書提供資料；感謝鎮江市園林招待所張明淵先生，南通南大街貿易信托商店韓坤華和陸明先生，南通嗇園黃杏橋先生及南通狼山廣教寺演城法師爲本書收集資料、實地測繪提供方便。同時還要誠謝我的夫人呂巧霞對本書自始至終的鼎力相助。

阮長江

一九八九年五月二十八日於南通富民港

中國歷代家具圖錄大全/阮長江編繪 ——初版
——台北市：南天，民81
面；　公分
ISBN 957-638-089-8（平裝）

1. 傢俱－中國

969.025　　　　　　　　　　81000174

中國歷代家具圖錄大全　　　　　　　平裝新台幣300元

民國八十一年三月初版一刷發行

編　繪：阮　　　長　　　江
發 行 者：魏　　　德　　　文
發 行 所：南 天 書 局 有 限 公 司
中華民國・台北市羅斯福路3段283巷14弄14號
☎(02)362-0190　　電傳(Fax)：(02)362-3834
郵政劃撥：0108053-8號(南天書局帳戶)
登 記 證：局 版 台 業 字 第 1436 號
....
製 版 廠：國 華 製 版 有 限 公 司
☎961-8805　板橋市中山路2段416巷59弄3號
印 刷 廠：國 順 印 刷 有 限 公 司
☎ 967-7226　板橋市中正路216巷2弄13號

ISBN 957-638-089-8